ひきこもり経験者が綴る

「あたりまえ」からズレても

企画：ひきこもり当事者発信プロジェクト
編者：藤本文朗　森下　博

日本機関紙出版センター

もくじ――「あたりまえ」からズレても　ひきこもり経験者が綴る

はじめに

〝ひきこもり〟という言葉を見たり聞いたりされた時、どのようなイメージを持たれるでしょうか？　多分、多くの方はネガティブなイメージを持たれることでしょう。

〝ひきこもり〟という状態は外からは何もしていないように見えるかもしれません。しかし、その中での本人の精神活動は、ひきこもる必要がなく生活している人以上に活発になり、そこで人間性が研かれるようです。真面目に人生を考え、優しく細やかな気遣いのできる青年たち（元ひきこもり）と、私は登校拒否の交流会やひきこもり青年の交流会で出会ってきました。

「ひきコミット in サカイ」のチラシ

ひきこもり人口は日本で少なくとも100万人（人口の1％）、その家族など関係者は300万人と言われています。1990年頃よりテレビ、新聞で頻繁に報道され、出版された本は300冊以上あります。

その90%は研究者・家族のものです。

私たち「ひきこもり当事者発信プロジェクト」（ＨＨＰ）は、なかなか声を出しにくい当事者及び元当事者のなまの声を発信することで、ひきこもりの人たち、家族が少しでも元気になり、また〝ひきこもり〟の認識が新たになることを願ってこの本を出版しました。親も自分の生き方をはっきり見つけて生きている訳ではなく、迷いながら今を生きています。青年たちが迷ったりひきこもったりすることも悪いことではないと思います。

イベントブース（子育て教育ネットワーク）

当事者たちとのやり取りの中で、親や支援者がよかれと思ってしたことに対して、当事者青年たちは必ずしも望んでいたことではなかった、むしろしてほしくなかったと語っています。親と当事者とのズレ、当事者の感覚と周りとの〝ズレ〟、支援者と当事者とのズレも少なくないと思います。本文ではそれらの〝ズレ〟や自身のことを、自由に本音で書かれています。一人ひとりすべて違った〝ひきこもり〟体験の中での苦しみやもがきを乗り越え、今を生きている色々な青年たちの貴重な声です。

この本を書くにあたって当事者から〝ズレ〟をテーマにしたい

との意見が出された時、ひきこもりの子を持つ親の私も、〃ズレ〃について考えてみました。

登校拒否から長いひきこもり（外には出て、家族とは普通の生活）の息子は、父親が亡くなった後、私と2人の共同生活になり（私が仕事、息子は家事）、ある時、PCのレシピを見てお菓子を焼き始めました。今は、青年の自立支援活動をされている方のお陰で注文販売が出来るようになっています。しかし自宅でお菓子作りをしていても外部の人との関わりはしようとはしません。何年も外との関わりを持てないのは、私の対応がよくないのかという思いが心のどこかにありました。青年の発言を聞いてふと、母と子の〃ズレ〃が埋められていないからだったのかと気づきました。母の考え方・価値観は生まれ育った中でのものや、生きてきた社会の中で身につけたものです。

学校に行けなくなった息子に対して母は〃学校は行かねばならないもの、せめて高校は…。そして学校を卒業したら会社に就職して働くもの。収入を得るもの、いずれは自立して生活していくもの〃という考え（これは母の歩んできた道）で、見ていました。頭では、現状を認めざるを得なくて、受け入れているつもりであっても心の？底にある母の価値観で登校拒否・不就労の子に向き合っていたので〃ズレ〃たまま、長い時間が経過したのかも知れません。最近、母は今の自分を丸ごとはっきりOKだと思えるようになっています。その確信を持てると、息子の今も徐々にＯＫと思えるようになり、気がついたら〝ズレ〟が修正されてきているのかと思う出来事がありました。

それは、菓子製造許可のあるキッチンを借りてお菓子を焼かなければならなかった時のことです。そこでは、緊張しながらも外の人と関わらざるを得ないのですが、逃げずに人前でお菓子を焼くことができました。最初の一歩ですが、長い間、家族以外の人と関わりのなかった息子にとっては、画期的なことでした。

大阪民主新報

ブース出展・公開討論・無料相談

ひきこもりテーマに交流

ひきコミュットinサカイ

共に歩み寄り、友に歩み寄る。

イベントの新聞報道（提供：大阪民主新報社）

ＨＨＰは働き手を求める企業とも繋がりを持っていますが、就労目的に限らずそれぞれが求める生き方を見つけてほしい、そして〝ひきこもり〟だけでなくいろいろな障がいを持っている人たちの生きづらさが、少しでも軽減されるような社会・地域になってほしいと活動しています。一方で、将来を見据えて企業との繋がりを発展させる活動も展開していきたいと思っています。２０１９年の９月５日には〝ひきコミュットｉｎサカイ〟というイベントを当事者中心で行いました。チラシ作り・企画運営を青年たちの感覚で、今まで関わりのなかった関連グループにも声をかけ14ものブース出展（2社の企業含む）と、興味あるテーマでトークしたり、別室で無料相談（ＨＨＰのメンバーでもある専門家による相談）、1億年前の石のペンダント作りのワークショップも行われました。

1億年前の石でペンダント造り

今後、〝ひきこもり〟に関心を持ち歩み寄ってもらえる企業を増やし、就労希望する当事者とのマッチングも試みたいと思っています。同時に1億年前の石のペンダント作りをする中で、自分のペースで無理なく関われることをすることで、外に出るきっかけとなる事業を始め、将来は当事者たちの実験場を夢見ています。このプロジェクトがうまく動いたあかつきには、今までになかった市民型ハローワークを作ることが夢ではないと思っています。

（この活動は公益財団法人キリン福祉財団などからの応援をいただいています）

西井啓子（ひきこもり当事者発信プロジェクト代表）

私のひきこもり体験

【執筆者の紹介】

ひきこもり体験①

赤沢 礼斗（あかざわ　れいと）　1992年生まれ。

高校卒業後の19歳〜21歳までひきこもりを経験。

ひきこもり体験②

中谷 信哉（なかたに しんや）　1989年生まれ。

中学2年の夏に優等生を維持出来なくなり、7年半ひきこもる。さらに、27歳の秋に女性問題とパワハラ問題が重なり、1年ひきこもる。現在はひきこもり支援の資格を取得し、大阪で自助グループを運営している。

ひきこもり体験③

大平 知幸　（おおひら　ともゆき）　1990年生まれ。

中学1年の春から登校拒否。専門学校は別室登校＋スクーリングでギリギリ卒業、短大は3年かけて卒業、卒業後バイトや非正規で働くこともあったが引きこもり傾向継続中。自分を裏切り続けても、人との約束だけはしんどくてもなるべく守るように動くゾンビみたいな奴。最近想いと考えと行動が一致しなくなってきており限界が近そうな気がしている。

ひきこもり体験④

匿名

執筆者の希望により、本文以外の掲載を控えさせていただきます。

ひきこもり体験⑤

松下 英治 (まつした えいじ) 1971年生まれ。

大学卒業後24歳から就職の失敗をきっかけに約3年間ひきこもる。27歳で個別指導塾を始め、ひきこもり状態を脱出。4年前に、進学校を目指す子はもちろん、不登校の子や勉強で悩んでいる子など、どんな子どもでも「楽しく学べる塾」を目標に新たに塾を立ち上げる。趣味はサッカー観戦と競馬。

ひきこもり体験⑥

裏庭の犬 1985年生まれ。

中学1年から登校拒否。あそびを大事にしたい今日この頃、忙しさとはやたら縁があるみたい。趣味はギターと読書と献血(?)。父親から養育費を要求されるという変な経験あり。

ひきこもり体験⑦

見那 ミノル (みな みのる) 1984年生まれ。

19歳～24歳までひきこもり、商業経験を経て現在ダウンロード同人誌の販売活動中。

同じように悩み、頑張っている人たちの姿を見て

赤沢　礼斗

私は小中学校時代に登校拒否、高校卒業後の2年弱はひきこもり生活を経験しました。今思えば、ひきこもっていた時期は焦りや不安で精神的に一番追い込まれていた状態だったと思います。

そんな生活を脱することができたのは、さまざまな支援機関と自分と同じような経験をされた当事者やその家族の方々からのサポートのおかげだと思っています。ひきこもり生活を脱した今、今度は私の経験を語ることで、一人でも多くのひきこもりで悩んでいる方の力になれれば幸いです。

不安、絶望、そして罪悪感

約2年間、家にひきこもっていた頃（19歳〜）は毎日のように、「この先、自分はどうな

るのだろう、生きていけるのかなぁ？」といった不安や絶望感に苛まれていました。何とかしないといけないことは分かっていましたが、なかなか動き出せない、悩みに悩んだ末、頭が疲れきって寝込んでしまう。この繰り返しでした。

私と同じように多くの当事者は、悩み疲れているのではないでしょうか。そのような状況で、周りから「甘えるな」「家から出なさい」「働きなさい」「これからどうするの」、なんて追い打ちを掛けられると、余計に本人を苦しめることになってしまうのではないでしょうか。言われなくても本人が一番分かっています。

もう一つ心にあったのが、自分のせいで家族に迷惑を掛けてしまっているという罪悪感です。自分が原因で家族が悩み、苦しんでいる。その姿を見るのがとにかく辛かったのです。「僕のことは放っておいて」こんなことを常々思っていました。その方がよっぽど楽だったのです。親の視線が本人に向き過ぎると、家に居づらい状況になるかもしれません。

訓練の積み重ね

「なんとかしないと」。でも、当時の私は人より苦手なこと、課題がたくさんありました。昔は普通にできていたことも、いつしかできなくなっていたのです。苦手、できないことをそのままにしておくのか、それとも克服しようとするのか。私は、変わりたい！　今のままでは嫌だ！という思いが強かったので、徐々にですが克服するための訓練を始めていくことになるのです。

最初に始めたのが、毎日家を出る習慣を付けることです。1時間、いや30分だけでもいいと思います。家を出ることを目的にして。やがて慣れてきたら、電車に乗って時間や距離を徐々に延ばしていきました。それもまた慣れてきたら、昼ご飯を適当に買って食べてから家に帰る。

さっと書きましたが、ここまで来るのが苦難でした。結局、小さい挑戦、その成功体験の積み重ねです。克服できたものもあれば、相変わらず苦手なものもあります。この先もまだまだ訓練は続きそうです。

「克服出来んかもしれんけど、慣れはするで」――私が勇気付けられた言葉です。

他の当事者や家族との出会い

私は現在も不登校やひきこもりを支援する団体にお世話になっています。そちらで、多くの当事者やその家族の方たちと出会うことができました。この出会いがあって本当に良かったと思います。最初の頃は母親と一緒に行きましたが、家族以外の人との交流がほとんどない生活が続いてしまったので、異常なほどに緊張したのを覚えています。しんどくなればいつでも帰っていい。だめならキャンセルすればいい。そういった準備をしてなんとか行くことができました。

ひきこもりの人に伝えたいことの一つが、どこでもいいので家族以外の人との繋がりを持っておいた方が良いということです。繋がりがない状況は続けば続くほど、対人関係が苦手になってしまうからです。まずは、自分のことを分かってくれる人の所へ行って、少しずつ慣らしていくことがいいと思います。

もう一つ伝えたいこと。それはひきこもっているとどうしても体力が落ちてしまうことです。これは私自身が、ひきこもりを脱した後にぶつかった壁です。現在は少しずつ就労ができるようになりましたが、毎日くたくたです。フルタイムで働く意欲があっても身体がしんどい。このことが今の悩みです。

周りの視線が気にならなくなった

ある程度外出できるようになっても、周りからの視線が気になって仕方がない時期がありました（バイトを始めた22歳の頃）。「どう思われているのだろう？」「こんな風に思われているのと違うかな？」といった具合です。これが行き過ぎると、とにかくしんどい。無駄に疲れてしまうのです。

今はそういったものが殆どなくなりました。自分でもびっくりするぐらいに。「誰もそんな見てないし、気にしてない」「どう思われても構わん」と思えるようになったのです。恐らく、性格が変わってきたのだと思います。自分には無かった考え方や価値観、生き方、そういったものを持っている人と日常的に関わったことで呪文のように自分の中に入っていく感覚でした。

特に気になったフレーズは忘れないうちにメモして、自分に言い聞かせる。その人のようになりたいと思った時はその人の思考や行動を真似ていきました。私はとにかく、ポジティブで活動的で話しているだけで圧倒されてしまうような人と出会えたのが良かったです。

気づいたらひきこもりを脱していた

多くの親御さんに、「何がきっかけで、ひきこもりから脱したのですか？」と聞かれますが、なかなか難しい質問です。私の場合、気づいたら、ひきこもりじゃなくなった、といった感じなので。そこに至るまでにたくさん段階があって、できなかったことを一つずつクリアしていく。その積み重ねでした。当時は、不安や焦りを感じる一方でひきこもりから脱して働きたい、人生を諦めたくない、という思いが強くあったのでそれが原動力になったのだと思います。

人生で初めてアルバイトに応募するまでがとにかく長かったのです。先のことを考え過ぎて「こうなったらどうしよう」という不安なことばかりを想像して、動けなくなってしまう。もっと、いい加減な人間になってしまった方がよっぽど楽だったと思います。楽観的に。「どうにかなる」「なるようにしかならん」「だめだったら辞めればいい」。こんな言葉をよく意識していくようになりました。

情報と選択肢を与えてくれた両親

私の両親はすごく真面目です。学校行かない＝人生終わり、生きていけないというタイプの人間でしたので、最初私が不登校になったときそれはもう大変でした。家に居場所がないのです。とにかく居づらい。気まずい。

でも自分の居場所がないって危険なことだと思いませんか。学校はもちろん家にも居場所がない人はどこに逃げればいいのでしょうか。私は、時には逃げる＝回避することも必要だと思います。なぜなら逃げるということは今起きている、あるいは起きようとしている危険なことから身を守ろうとしている証拠だからです。自分自身を大切に思っている、自分に正直だからこそできることなのだと思います。安心できる場所はあった方がいいです。

不登校やひきこもりになると本人はもちろん、家族も精神的に不安定になると思います。私の両親もかなり落ち込みました。たくさん心配を掛けてしまいました。しかし、母がいろんな相談機関（カウンセリングや不登校・ひきこもりの支援団体）に行ってくれたお陰で、親子共倒れという状況だけは避けられました。このことから言えるのは、相談機関に頼ることも一つの手段なのだということです。ここ数年、母の性格もだいぶ変わりました。私を焦らせるようなことは言わなくなったし、むしろ温かく見守ってくれています。

もう一つ感謝していることがあって、それは絶えず私に情報と選択肢を与えてくれたことです。今お世話になっている団体だけでなく就労支援にも繋げてくれました。とにかくいろんな所に連れて行ってくれたのです。そういった情報は自分で見つけられなかったので本当に助かりました。「こんな所あるけど、どう？」とパンフレットを持ってきてくれたり、「今日はこんな所を紹介してもらった」と相談の内容を話してくれたりもしました。よく、それをすると、本人を焦らせてしまうんじゃないか、という声を耳にします。あくまでも選択肢の一つとして、さりげなく伝えるのは良いのではないでしょうか。

無理強いするのだけは辞めて欲しいですけど。あとは家の雰囲気って大事だと思います。家族の不安や焦りって、口に出さなくても本人に伝わっちゃうと思うのです。いつの頃からか、母からそういうものが来なくなりました。でもそのおかげで次に動き出すための充電ができたのだと思います。

「楽しい」を感じられるようになる

お世話になっている方から、よく「もっと遊んだほうがいいよ」と言われました。「いやいや、遊ぶより、働かないとダメでしょ」というのが正直なところでした。でも最近になってその意味がようやく分かってきたような気がします。私の周りには絵や漫画、小説、アニメ、ゲーム、映画、音楽。とにかくさまざまなことに熱中している人がいます。自分の好きなこと、興味のあることをして「楽しむ」。そこからエネルギーをもらっている方が多いのです。私自身もいろんな作品を紹介してもらって作品に触れていくことで「楽しい」を感じられるようになってきました。そういった「楽しいをみんなで共有できる時間」が私には必要だったのです。

「挑戦」の二文字

私は読書が苦手です。学校の読書感想文を書くのはもっと苦手でした。そんな私が今回、このような文章を書くということは大きな挑戦でした。何年か前の私ならやらなかったでしょう。できるかできないか、ではなく、やりたいか、やりたくないか。そんな思いで挑戦してみました。昨年、年始めに書初めをする機会がありました。その時に書いたのが「挑戦」の二文字です。この時の色紙は今でも自分の部屋の見える位置に貼っています。

支えてくれた人に感謝

ひきこもりを脱しても今の生活には全然、満足していません、将来のことで悩んで迷走しています。自分はどうなりたいのか？　何がしたいのか？　それを見つけるためにはいろんなことを挑戦していくしかないのかな、と思っています。たとえ今、ひきこもっていても、その人がなにかに夢中で一生懸命なら、それはすごいことなのだと私は思います。

これまでの自分を振り返ったことで、本当に自分っていろんな人に支えてもらってきたのだなと感謝の気持ちで一杯になりました。昔の自分は辛い記憶や過去、憎悪の感情をいつまでも引きずっていました。それが最近になってそういったものから徐々にですが「さよなら」できるようになりました。不安は尽きませんが、自分だけじゃない。私の周りには同じように悩み、頑張っている人がたくさんいます。その姿を見て自分も頑張ろう、と活力や刺激を貰っています。

みんなありがとう。

でもまだまだお世話になると思います。今後もよろしくお願いします。

【筆者の経歴】

●小学校２年

クラス内のいじめや担任の教師の暴力や暴言がきっかけで登校拒否。その後、保健室登校や母親と一緒に授業を受けたことで、３年の途中から１人で登校できるようになる（この頃に、いじめっ子が転校。担任の教師が転勤になったことが大きかった）。

●中学１年

私立に入学するも、授業についていけず、また教師に対する恐怖感・不信感から再び登校拒否。登校拒否翌日、担任が家まで来て無理やり学校へ連れていかれる（小学校の時も同様なことがあった）。卒業するまでの3年を保健室で過ごす。

●高校

教室に入るのが苦痛だったことから通信制高校に入学する。教室に入ると緊張で吐き気と動悸がひどかった。いまでも似たような空間は苦手。1日1コマか2コマずつ受講して4年かけて卒業。家にいる時間が段々、増えていく。

●19〜20歳

高校卒業後の約2年、就労できずニート、ひきこもり生活が始まる。毎日、将来に不安を感じていた。起きていると悩んでしまうので日中でも寝てしまう生活。体力が落ちてしまう。

●21〜22歳

就労に向けて動き出す。ひきこもりを支援する団体に出向いて、相談や職業体験を経験したことで外出する機会が増えた。また、ひきこもりの当事者、その家族に出会えて、いろんなお話を聞かせてもらったことが大きかった（アニメやゲーム、漫画、映画、音楽など、いまに繋がるものを紹介して頂けた）。

●22〜現在

ドラッグストアで早朝の品出しのバイトを始める。（1日2時間、人目に付きにくい時間帯で）。その後、母親が支援団体で知り合った方からの紹介で食品の製造・加工のバイトを掛け持ちし始める。ここで仕事の厳しさ、仕事に対する姿勢、向き合い方、人間関係、さまざまなことを学ばせて頂けた。毎日、社長さんのお話を聞かせてもらったことで自分の性格（内向的でネガティブ）に変化が出てきた。その後は、清掃、飲食の接客、和菓子の製造などを経て現在は倉庫作業員として日々奮闘中。

親子のズレ解消過程から始めるひきこもり回復家庭

さなぎるど（P44）　中谷信哉

序章

ハッキリと覚えています。ひきこもり当時の僕と親にズレがあったことを。今にして思えば、親とのズレはひきこもり回復を決意するまでに時間を要した原因の一つでした。何かしらのズレが発生したときは決まって、もっともな世間の常識を当てつけられ、もともと嫌いだった自分を輪にかけて嫌いになり、もっとも頼るべき親を恨んでしまうこともありました。

ひきこもりから回復するために必要な下地作りを行う上で、自己愛の欠如と親子間の不仲がマイナスに働いてしまったと確信している僕としては、早い段階で親子の間にあるズレの解消に向けたアプローチをしていくのが理想であると考えています。

とはいえ、ズレの解消は至難の業です。当時の親の立場に立って考えてみると、ズレがあることを把握するのも、ズレを解消するためのアプローチをするのも、長い時間を要することだったように思います。当時の僕は一種の暴走・錯乱状態にあり、まともにコミュニケーションを取ることすら困難だったためです。そこに親自身の不安や焦燥感も加わるため、ズレに思いを馳せることはとても難しかったことでしょう。しかし、ぜひともひきこもりの親である皆さんには、子とのズレに注目していただき、ズレの解消に向けたアプローチをしていただければと思います。ズレの解消は親子間の不仲の解決に加え、その子が望む道を見極めるのに繋がるように思うためです。

あらゆるズレは互いの価値観のぶつかり無くして生じ得ませんので、ぶつかってしまうほどの子の価値観には子の本音が隠れていると思います。つまり、子に潜在する本音を集めれば、子が望む自分像、そして子が望む周囲の環境像が垣間見え、将来生きていくために必要なヒントを得られるはずです。

さて、理想論者っぽい思いはこのくらいにして、この本で述べることを2章に分けて紹介いたします。第1章では僕と親のズレを紹介し、続く第2章では第1章で紹介したようなズレに対するさなぎるど流ズレ見抜き術を紹介します。

要はさなぎるどでひきこもり当事者二十数名と接してきた経験や、自己愛を育む活動に注力して培ってきたノウハウをズレの解消に使ってみようという提案です。ひきこもり故の感性も遺憾なく披露しますので、よろしければ最後までお付き合いくださいませ。

第1章　僕と親のズレ

本章では僕の身の上に起きた親とのズレの中から興味深い事例を二つご紹介いたします。僕と親のズレは、僕がひきこもりになりかけた頃から始まりますので、ひきこもり後のエピソードとなります。二つのエピソードからひきこもり親子故に生じたズレのダメージの大きさや親の接し方の難しさをお伝えできればと思うと共に、第2章のズレ見抜き術の例題としても使いますので、自分ならどう対応するかを考えながら読んでいただけると幸いです。

ひきこもり百万人分のうちの一人の経験でしかありませんので、百人百様と言われるひきこもり問題を抱えるみなさんに該当する確立は低いことだけご了承ください。あくまで例題として捉えていただき、第2章のズレ見抜き術を読んだ際に、ご家庭に導入していただく流れが少し見えればと思います。

ズレ①　見せたくない僕と見舞ってほしい母

中学2年生の夏、週に3日以上は休むようになっていた僕は、過去の脚の速さから、休んでいる間に運動会のリレー選手に抜擢されたこと、好成績を維持できなくなったこと、そして親友2人から仲間はずれにされたことが重なり、夏休み明けにひきこもりになりました。

勉強もスポーツも優秀で、性格も明るく、いろんなことでリーダーを任されていた僕は、同年代、異性、先輩、後輩、大人問わず沢山の人との交流があり、率直に言って人気者でした。とはいえ、学校の求めるハードルの高さに比例して優秀さを維持するための努力に限界を迎え、優秀ではいられなくなりました。

プライドが高かった僕は、ダメになってしまった自分を誰かに見られることを恐れ、そのことがひきこもりになる一番のきっかけとなってしまったのです。そして、ひきこもりになった人気者の僕の元へは、当然のように沢山のお見舞いがありました。ダメな自分を見せたくない僕にとってお見舞いは辛いものでしかなく、メールや電話は全て無視していたのですが、一つだけ無視できないものがありました。

インターホンです。インターホンが鳴るたびに、母が良かれと思って僕に告げるのです。

「信哉、○○がお見舞いに来ているよ」と。

しかし、僕は誰とも会うことはありませんでした。それでも母は僕のためを思って根気強く同じことを告げ続けました。僕を心配して代わる代わる足を運ぶ沢山の人たちの思いも考慮して、少しでも僕が以前のように誰かと接し、それがひきこもっている現状を打破するきっかけになればと願ってのことです。

そんなインターホンの音と母の呼ぶ声が鳴り止まない日々が続いて僕は、人間が怖くなり、5年間家から一歩も出なくなりました
このズレ①は単純明快かつ、もっともダメージの大きなズレでした。

ズレはもちろん〝ダメな自分を誰にも見せたくない僕〟と〝沢山のお見舞い人を通そうとした母〟です。もっと言うと、誰にも自分を見せたくない僕を、母は誰かに見せようとしてしまっていたわけですね。このズレによるダメージは、僕の対人恐怖を決定的なものとし、家から一歩も出ない生活を5年間続けることになる大きな要因となってしまいました。このズレが無ければ、対人恐怖を深めることは無かったかもしれません。

また、ズレとは直接関係のないお話ですが、このズレのダメージは〝ひきこもりを続ける〟要因であり、〝ひきこもりになる〟要因ではないことをご理解いただければ幸いです。〝ひきこもりになる〟要因にはダメになっていく自分を見せたくない等が該当しますので、〝なる〟と〝続ける〟を分けて考えてくださった方が分かりやすいと思います。少し話は逸れましたが、以上、見せたくない僕と見舞ってほしい母とのズレでした。

[完]

ズレ②　本当は世話を焼いてほしい僕と上手に見守る父

ひきこもり始めてすぐの頃から僕は、学校や外に出そうとする母の声から逃げるために、1日16時間もネットゲームをするようになりました。ネットゲームに没頭すると共に、怖ろしい外の常識的世界から自分を隔絶させるために、昼夜を逆転させたり、自室で食事を食べたり、不必要なお風呂に入らなかったりと、ひきこもる前とは随分と違う生活を送るようになりました。

そんな僕への心配が募るばかりの母は、僕を外の世界に繋げるべく友人作りや復学を勧めては僕に怒鳴られるというようなことを繰り返していました。しかし、短期間に変貌してしまった子への心配があって然りの状況下においても、父は何も言ってきませんでした。そんな父を見て僕は、「こんなクズには関心が無いんやな」と父への不信感を強め、父と話すことが極端に減りました［完］

このズレ②は父親の対応に間違いはなく、僕の勘違いにより生じたズレです。父親はひきこもりとなり暴走・錯乱状態にあった僕の状況を冷静に分析し、今は何を言っても僕の回復に繋がることはないと判断し、世間からの冷たい目を気にしないことを決意し、気長に見守ることを選択し、さらには母親のマイナス行動を抑え込む努力までしてくれていたのです。

僕がひきこもりになって間もない段階からこれらの対応を始めてくれた父は、ひきこもり息子のサポートとしてはこれ以上無いほどの働きをしてくれたのではないかと、今となっては心から感謝しています。しかし、父の対応の良さを判断する余裕が無い僕と、多くは語らない父の性質が相まって、父は無関心というネガティブな答えが僕の中に根付いてしまいました。

このズレによるダメージとして、無関心な父よりも鬱陶しい母の方が話しやすいという矛盾を抱くようになり、理解者であるはずの父と話すことを一方的に避けるようになりました。このズレが無ければ、家庭内の空気が良くなり、もう少し早い段階からひきこもり回復に目を向けることができたかもしれません。

以上、本当は世話を焼いてほしい僕と上手に見守る父とのズレでした。

両親に感謝している

第1章の締めとして、両親のことを少し自慢させてください。ひきこもりへの対応としてマイナスな行動も多々ありましたが、最終的には素晴らしい対応で僕を支えてくれました。

父は早期の段階から見守り行動を取ってくれ、世間の目を気にしない覚悟を決めてくれ、ネットゲームを楽しむ手伝いをしてくれ、マイナス行動を取る母を止めてくれました。母は心配症な自分を抑えるよう努め、常に話し相手になってくれ、何十時間もかかる趣味を一緒にやってくれ、僕が自ら外に興味を持つそのタイミングに情報をくれました。

ひきこもりから回復し、ひきこもりのサポートに携わり、さまざまなひきこもり当事者やその親と関わってきた今だからこそ言えますが、両親の行動はひきこもりに対して適切で効果的なものが多かったように思います。ここには記しきれないほどの親子のズレに悩みながらも、僕への対応を模索してくれて、本当にありがとう。

第2章　さなぎるど流ズレ見抜き術

結論から言います。さなぎるどでは、当事者と僕とのズレを当事者の需要の有無で見抜くようにしています。つまり、当事者に需要があることを供給できているときはズレが無いと考え、当事者の需要と関係のないことを供給しているときはズレがあると考えます。

需要視点のメリットは、需要の有無というシンプルな見方をすることで、ズレの有無を明確化できることです。実際、需要があることを供給しているときは当事者のリアクションが良く参加者も増えますが、需要の無いことを供給しているときは当事者のリアクションが悪く参加者が減ると共に、不満も出てきます。

需要視点の始まりは、ひきこもり支援の書物でよく見る、とある教えでした。それは、〝価値観の押し付けはNG〟という教えです。当事者には当事者なりの悩みや価値観があるので、親や支援者が常識的な価値観を押し付けても分かり合えないという教えです。分かってはいても、自分が何十年と培ってきた社会的・常識的な価値観を押し付けないということは感覚的に困難だと思います。そこで、さなぎるどでは需要の有無という、より技術的な捉え方をしてみた訳です。

需要視点はシンプルで技術的であるとは言いましたが、実際にご家庭で施行していただくのは容易では無いかもしれません。少なくとも、親の心を休める第0ステップ、子に興味を持つ第1ステップ、社会的常識を捨てる第2ステップ、需要を引き出す第3ステップが必要だと思います。ここからは第0ステップ、第1ステップ、第2ステップ、第3ステップについて掘り下げていきます。

第0ステップ

第0ステップは、親に心を休めていただく段階です。第1〜第3ステップはもちろん、あらゆるサポートの基礎になる段階ですので、本気で取り組んでいただければと思います。子の方が大変だから親が休むなんて申し訳ないという意見をよく耳にします。しかし、子の大変さとは質も違いますし、比べる必要も無いように思います。子の回復に一番役立つ資源は、医者でもカウンセラーでもピアサポーターでもなく親であると断言できる経験を持つ僕としては、最も近くで多くを話せる可能性を持つご自身の存在価値を信じてほしく思います。

だからこそ、ひきこもりを誰よりも支え得る可能性を秘めながら、心の疲れや病みによって、その支えのクオリティを落とすのは大変勿体ないと感じます。この後に紹介するステップを乗り越えるにも、みなさんの心の余裕が大いに試されますので、ぜひとも本気で休んで遊んで楽しんでください。親に救われたひきこもり経験者からのお願いです。

以上、心を休める第0ステップでした。

第1ステップ

第1ステップは、子に興味を持つ段階です。子の需要、つまりは子が何を求めているのかを知るためには、子に興味を持たずしては始まりません。心から心配はしているし、子に十分な興味もあるという方は軽く読み流してくれて構いません。このステップが必要なのは、ひきこもり当事者への無関心問題に該当する方です。基本的には父親に多いとされています。子どものように接して良いか分からず疎遠になってしまっていたり、片方の親に任せきりになってしまっていたりする方は、まずはご自身の子がどのような生活を送っているのか、どのようなことを良しとして、どのようなことを悪しとしているのか、興味を持ってみてください。特に子の好きなことや趣味に興味を持つことは、子に嫌がられることもなく、需要に繋がりやすいので効果的です。

また、興味を持つことは需要視点の第1ステップになるだけでなく、子とのコミュニケーションの第一歩になるため大変有用です。さなぎるどに初めて来てくれたひきこもり当事者は、初対面な上にコミュニケーションが苦手なことが大半です。それでも活動に参加するためには誰かとの会話は必要なため、通常は僕と仲良く話すところから始まります。その際に僕が意識しているのが興味を持つということです。どんな趣味があり、どんな辛さがあり、どんな話が好きか等、徹底的に興味を持って接します。それだけで会話の種がいくらでも見えてくるためです。

ぜひ、無関心問題に該当する方は興味を持つことから始め、すでに興味がある方は興味を広く深くしていただければと思います。

以上、子に興味を持つ第1ステップでした。

第2ステップ

第2ステップは、子の需要に目を向けるために社会的常識を捨てる段階です。社会的常識は需要視点の邪魔になるためです。この段階がひきこもり親にとって最も難しい段階だと思いますので、意識的に注力していただければと思います。

前提として、みなさんには何十年と培ってきた社会的常識があり、ひきこもりの考えや行動はそれに反する事実は否めないと思います。さらには世間体がその社会的常識をより強いものに見せることもあると思います。その結果、学校や仕事に行かせたい等の社会的常識を子に押し付けることになりがちです。しかし、その社会的常識を捨てない限り、子の需要に目を向けるのは困難です。社会的常識から外れてしまった、あるいは外れてしまったと強く思い込むひきこもりが抱く需要は、社会的常識の中には無いためです。

8年半ひきこもった経験があるとはいえ、大学と就労で社会的常識に当てられた僕も、さなぎるどメンバーに社会的常識を押し付けてしまいそうになるときがあります。そんな時に社会的常識を押し付けずに済むシンプルな方法があります。

「した方が良いかも提案に警戒」し、「良かれ提案を止める」です。

困っている子に何かを提案する時は、その大体において「あなたのために良いことだから提案している」という意識があると思います。しかし、子の需要を把握していない段階での提案は、培ってきた社会的常識に裏打ちされた良かれ提案であり、それは社会的常識を嫌うひきこもりからは押し付けと捉えられてしまいます。そのため僕は、「した方が良いかも」という弱めの提案が頭によぎった段階で、その提案がひきこもり当事者の需要に沿ったものであるか警戒し始めます。そして、「良かれ」という強めの提案が頭によぎった段階で、これは自分の社会的常識を押し付ける提案であると判断し、その提案を捨て去ります。

ズレ①で紹介した見舞ってほしい母は、子が外との繋がりを失くしたら今よりもっと悪くなるという社会的常識に裏打ちされた良かれ提案をしていたわけです。幸いにも、父がまずは常識を捨てなければならないことにいち早く気付き、母親を静止することに尽力してくれたおかげで親子間の不仲が深刻なものになることはなかったですが、母の良かれは間違いなく当時の僕には毒でしかありませんでした。

すぐに社会的常識を捨てるのも、世間体を気にしなくなるのも難しいので、まずは「した方が良いかも提案に警戒」し、「良かれ提案を止める」ことから慣れていってはいかがでしょうか。続ける内に、子の需要に沿わない社会的常識を押し付ける癖が無くなるはずです。
以上、社会的常識を捨てる第2ステップでした。

第3ステップ

第3ステップは、子の需要を引き出す段階です。第1ステップで子への興味の幅を広げ、第2ステップで社会的常識を捨てたみなさんには、すでに子の需要が見え始めているはずです。その需要を明確化するために一工夫してみる段階です。すでに子から素直な欲求を言葉にされるようになった方は読み飛ばしてください。

ひきこもりは自発することが苦手です。対人関係の無さによりコミュニケーションが苦手であったり、自己愛の欠如により自分の考えに価値を感じられなくなっていたり等、理由はさまざまです。しかし、子の需要の明確化には是非とも自発が欲しいところなのです。それはさなぎるども同じなので、参加するメンバーの自発を引き出す工夫を色々しています。

そんな工夫の中から、効果が高く、ご家庭でも活用できそうな工夫は「書き」です。シンプルに考えました。声での自発が苦手なら書いてもらおうと。こちらでテーマを設定して、子の思いやアイデアを書いてもらいます。さなぎるどではアイデアマッピングゲームというオリジナルゲームにして、メンバーの需要を徹底的に引き出します。その際の工夫を以下に記します。

【工夫①　ゲームっぽくして一緒に参加】

あなたの需要を教えてくださいと直接言っても戸惑われますので、一緒に行うゲームとして提案してみると当事者の中で思いを書くことのハードルが下がります。一緒に行うと提案している以上、もちろんご家族も本気で参加する必要があります。

【工夫②　テーマは細かく設定】

「これからどうしていきたいか？」など、漠然としたテーマは避けます。絶賛迷い中のひきこもり当事者には書き辛い場合があるためです。なるだけ狭いテーマにして、色んなテーマで繰り返し実施するのが望ましいと思います。

【工夫③　始めから社会復帰的なテーマにしない】

「どんな仕事がしたいか？」など、当事者の現状から遠いテーマは避けます。打算と感じ取られて信用を失いかねないためです。基本的には社会復帰感を醸し出さない間接的なテーマか、他愛もないテーマが望ましいと思います。

【工夫④　裏返せる白紙カードを使用】

部屋の前に置いてもらうのか、机に置いてもらうのか、箱に入れて貰うのか、状況にもよりますが、基本的には裏で置ける白紙のカードなどが書いて貰いやすいです。自分の考えを堂々と表にして晒し続けることにためらいが生じるためです。さなぎるどでは百円ショップで売っている名刺大のカードに書いてもらっています。

★さなぎるどで実践したテーマ例

・誰かに布教してみたい趣味や好きなこと
・生きていく上で、コンプレックスになりそうなこと
・実現してみたい、取り戻してみたい、青春っぽいこと
・あなたが支援者なら、ひきこもり当事者に対してどんなアプローチをする？
・ひきこもり当事者やその家族に情報発信する場合、どんな情報が効果的？

これらの工夫・テーマで考えを引き出してみたところ、メンバーが抱いているさまざまな需要を引き出すことに成功しました。何年何十年単位でひきこもり生活を続けていたこと、

マジメで感受性の強い方が多いこと、何よりそれを話せる相手や場所が無いことから、内に秘めた思いの多さには尋常ならざるものがありますので、思いを出しても良い場所のハードルが低ければ、遠慮なく溢れ出して貰えるのです。

もし、家庭内の空気の固さや子が纏う殻の頑丈さから、このようなワークの実現が難しい場合は、一ワークのスパンを長めに捉えて、広報に注力してみてください。ゆっくり待つ姿勢は大切にしつつ、子に聞こえる位置でワークに関する雑談をしてみたり、子の思いを出せるハードル低めの場所が近くにあることを張り紙で知らせてみたり等、ぜひとも子に伝えましょう。その広報の中に親の素直な思いも乗せると、不信感を感じられることも無く、更に子の中でハードルを下げることもできると思います。

どんなに適切で効果的なことをやっていても、伝わらなければ逆効果にもなるという悲しいことがありました。そう、ズレ②で紹介した上手に見守る父です。父はワークのような物をやっていたわけではないですが、間違いなく適切な処置をしていました。にも関わらず、僕に不信感を抱かせて親子間の不仲を招いてしまったのは、広報の無さ故です。もともと多くを語らず本心も隠しがちな父なので、僕からは何も見えなかったのです。今となっては申し訳なさを感じていますが、当時の僕を思えば勘違いして然りとも思いますので、ワークの広報はもちろんですが、ぜひとも思いの広報にも注力していただければと思います。
以上、需要を引き出す第3ステップでした。

ズレ見抜き術まとめ

第2章「さなぎるど流ズレ見抜き術」で紹介した第0から第3ステップをまとめますと、以下になります。

第0「親の心を休める」→申し訳無さは不要です。本気で休みましょう。

第1「子に興味を持つ」→無関心では子の需要は分かりません。興味の幅を広げましょう。

第2「社会的常識を捨てる」→社会的常識は需要視点の邪魔です。まずは良かれ提案を止めるところから始めましょう。

第3「需要を引き出す」→書きワークで自発のハードルを下げましょう。ワークを実施していることを広報しましょう。

今回提案したズレ見抜き術のすべては、親と子との関係の中で生まれたアイデアではなく、僕と二十数名のひきこもり当事者との関係の中で生まれたものなので、必ずしもみなさんのご家庭で使えるとは限りません。しかし、実は僕がひきこもりから回復する過程において、両親は第0ステップから第3ステップまでを意識的に取り組んでくれていました。結果として、僕と親のズレの解消は早まり、家庭内で僕が思いを発しやすい環境が整えられました。そのことを思えば、さなぎるど流ズレ見抜き術は親子間においても有効な術なのではないかと思い、今回は技術的に施行できる流れにして紹介させていただいた次第です。

みなさんのご家庭に子との問題がある時は、是非ともさなぎるど流という謎の単語を思い出していただければ幸いです。

第3章　さなぎるど流ズレ解消術

第2章に続き結論から言います。さなぎるどでは、引き出した需要に対して適切な供給をすることでズレを解消していきます。適切な供給とは何かと言いますと、楽で、楽しくて、ハードルの低い供給です。これは第2章の第3ステップにも通じるものがあります・・・というような第3章も考えていたのですが、文字数の制限で今回はここまでです。ご興味がおありの方は、さなぎるどの中谷までどうぞ。

終章

最後に、僕らの未熟さについて少し触れさせてください。親子間のズレは、親が子の需要が分かっていないから生じるという今回のお話は、ともすれば親の心子知らずと断じていただいても仕方の無いお話です。しかし、そこはひきこもりの未熟さを考慮して、親から歩み寄る姿勢を持っていただければ、親の尽力で回復に至れた経験者として大変嬉しく思います。

僕らは親のみなさんより何十歳か若いだけでなく、人生に必要な学びを得られる多くの時間を逃しています。故に、未熟です。自己愛が足りないから未熟だと思いこむ等、自己啓発的な素晴らしい考えで埋まるほど、僕らが失った時間は甘いものではありません。

そこで、最後に変わらなければならないのは子本人であることを承知でお願いいたします。親子間の問題に関しては、人生の先輩たる親のお力を先にお借りしたいのです。みなさんが培ってきた人生経験と外に出られる脚があれば、回復に向けた第一歩を踏み出す力は、絶賛ひきこもり中の子よりも強いはずであると信じて止まないのです。

もちろん親の皆さんにも未熟な部分があり、それによって子を傷つけ、子がひきこもりになる、あるいは続ける要因となったのであれば、親であるみなさん自身も傷つき、すぐさま変われない状態にはあるかもしれません。それでも、ひきこもり時代の自分を含め、甘えでも何でも無く、本当に苦しくて動けないというひきこもり当事者と何人も出会ってきた僕としては、親の心は子よりも先に成長し得る可能性が高いという考えに至りました。

何かを変え始める第一歩目は親であってほしいと、心から願います。

※さなぎるどとは、大阪府高石市に拠を構えるひきこもり当事者メインの自助グループ。「楽（しい）化」をモットーに、心の元気や自己愛の回復を目指して活動している。

私のひきこもり体験　3

後ろ向きにズレているから生きられる人もいる

大平知幸

かるーい自己紹介

読者のみなさんこんにちは、私は現在20代ギリギリ崖っぷちのひきこもりです。この本が出回るころには間違いなく30代に突入しています。

ひきこもり経歴としては中1の初めに蹴つまずいて卒業まで本格的に不登校に、高校（専門学校）からは出席日数が全体の半分程度の別室通いを経て短大へ進学し3年で卒業しています。

その後は1年間バイトをして辞めた後、数年単位でひきこもる。その後も知り合いの紹介で頻度の低いバイトを極たまーにする程度の生活を行っていたものの、現在もまた数年単位で無職です。

外へ出たくない気持ちはありますが必要な事であれば外出は出来ます。この本を制作するための集まりや、月に2度程度の出張プチ先生みたいなこと以外ではあまり外出できていません。

そんな人間の感じている世間のズレた見え方や考えの歪み、さらにそれはなぜ起きているのかという自己分析をお話していこうと思います。

『当たり前』で流されること

突然ですが皆さんは信号を守られていますか？　私はある程度守っています。ある程度ってなんやねんというツッコミも来そうなものですが、実はこんなことの基準で悩んでいた時期があります。

私は運転免許を取りはしたものの、身分証明書以上の意味合いを持っていないペーパードライバーですので徒歩と自転車が基準のお話となります。

私は信号待ちをしている時は基本的に赤信号が青になるまで待つタイプで、周りがすぐに青に変わるからと動き出しても待ちます。それは人がほとんど居なくて車の通りが少なくても待ちます。

根が半端に真面目だからか交通ルールで他者に対しては不満や怒りを持つこともあります。

自転車で車道の逆走をされる事とそのまま進行方向の正しいこちらに車道側へ寄れ、道を開けろとばかりに突っ込んでくる奴に対して『なんでルール無視野郎の為にこっちが車と接触のリスクを背負わないといけないんだよ』なんて考えて走行ラインを絶対譲らないこともあります。

ですが私自身ちょっと急いでいるときなど、横断歩道まで歩くより車道を横切る方が早く、スムーズに次の信号を渡れるとなると車道を渡ってしまうことがあります。

自転車であれば車道脇を走っておきながら交差点で二段階右折せず、手前の横断歩道を横に渡ることがあり、まさにどの口が言うのかというやつです。

当然ながらこれらはいけないことです。いけないと分かっていながら自己を優先し、ルールを破ることに自己嫌悪し落ち込むことがありました。また一歩外に出ればこのように『当たり前』が歪んでいること、それを無意識に受容している社会のおかしさにも不気味さを感じ不安を感じていました。自身も違反していながら『当たり前や普通』で流せそうな事が流せなかったのです。

気持ちや考えの「見える化」

そんな私ですが最近は信号で大きく悩むことは減りました。その代わり正しいかどうかは別として自分なりの謎ルールが出来上がりました。それが『どんなに急いでいる時でも子どもの前でくらいはルールを守ろう』です。

『信号は守れ、車道を渡るな』と子どもたちに言い聞かせながら大人が平然とそのルールを破る姿を当たり前にしたくなかったのです。

よく見る光景ですが自転車の子ども椅子に乗せられてお母さんと信号を待っているちびっこの目の前でスーツを来た大人が赤信号を渡ります。働いていない私が言えることではないのですがいつも『見知らぬ他人の子とは言え子どもにそんな姿見せて情けなくないのかこの人』と考えてしまいます。

他にも私が信号が変わるのを待っていると子どもを載せた電動自転車が反対側の横断歩道手前に来ます。減速し止まるかなと思うと左右を確認し戸惑うことなく赤信号を突っ切ります。『おいおい、交通ルールは守らなくていいと思うダメな子になったらどうするんだ』と成人して10年近いのにろくに働いていないダメな奴が思ってしまいます。

自分だって都合が悪ければルールを守らないのによくそんなこと思えるな。と文にするとつくづく思いました。大人って汚いですよねホント。

ですが私はそれでずっと感じていた自分はどうあるべきかという悩みの一つが解決したのです。

『せめて子どもの前でくらい』などというルールとも言えないような半端な基準であっても『自分はそれだけ出来ればいいのだ』と自己満足するとただそれだけで少し楽になれました。

他者や社会的な視点ではなく自分の気持ちや考えに合致する基準がようやく見えたのです。他者からすればどれほど小さくしょうもないことであっても、自分のあり方への不安や不快感の元を処理し、自分の心で納得するのは凄く重要なことなのです。でも違反は違反なので止めましょう、私もより気を付けます。

見えない時間と人間像

自分がひきこもっている間にとても大きくズレたなと感じたことに同世代の人間像があります。いわゆる『年相応の振る舞い』がまったく分からなくなります。流行が分からないなんてものではなく、その年であれば知っていて当然と思われる常識や出来て当然と思われているラインがさっぱり分からないのです。

私はずっと同級生や同世代の人たちを私では何をしようと手の届かない高みにいる存在であり、自身よりずっと立派な存在だと思っていました。

こうなってくると大変で、自身が20歳頃ならその年代の振る舞い方とは?という悩みと、未熟な人間性が顔を出さないように常に擬態をしなければという強迫概念が生まれてきてしまいます。大学への出席などのルーティン外で1日も外にいればもうクタクタ、愛想よく笑い続けていたらズキズキと頭は痛む、次の日と言わず数日は疲労感が残り続けると散々です。

他者の目を気にし、その年ごろとして恥をかかない程度には『らしく振る舞う』ことに意識を割いて足掻き、かといってその年ごろらしさなど基準が出来上がっていないのです。そのため全方位に常に気を張り外へ出ること自体がとても疲労を伴うことで億劫だったのです。

擬態は割とうまく出来ていたのか評判は良かったようです。自分で言うのもなんですが優しい子だとかいい人だとよく言われていました。しかしいい人扱いされるのも内面の醜さや、黒いドロドロとした感情を持ちやすい事を自覚していたため『自分はそんないい子じゃない、褒められるような人間じゃないんだ』と苦しみの元だったりと自分でも処理しきれていませんでした。

少なくとも自身の家以外の人目のあるところでは気を抜けるところがありません、常に擬態し続けないと好奇の目や嘲笑の対象になるのだと感じ続けていたのです。正直苦しかったですが『誰かにとって正しい、もしくは良い子な私』を演じることをやめることが出来ませんでした。

その結果か同世代の人間像の把握を失敗したのか25歳前後では貫禄があるとか、20代の落ち着きに見えないなど褒められてるのかよく分からない言葉を貰っていました。嬉しいとは感じませんでしたが、おかしな人や未熟な人と見なされなかったあたり良しとするべきなのかもしれません。

歩幅の違い　『軽いこと』だって大変だ

これはごく最近やらかしたジョークのような私の失敗談です。かなり長いので一言で言えば一般人の言う『軽い』はひきこもりにとっては十二分に大変なことという話になります。いい意味でも悪い意味でも大きなズレを味わいました。

私には恩師もしくは師匠とでも呼ぶべき方が居ます。その方は父と1歳しか違わないのですがとてもとてもエネルギッシュな方で、山登り・フィールドワークにサイクリング、ちょっとした機械の修理や再利用も出来てしまう凄い方です。その方に電車で遠出し自転車で走ろうと誘われたのです。

電車に専用の袋で自転車を持ち込むことを輪行《りんこう》というのですが、私は最近までその輪行に使う専用の輪行袋を所持していませんでした。購入を勧められても朝早くから動くのは辛いからと何度か誘われても断り続けていたのですが、なんとその方の伝手で安価で譲ってもらうこととなりました。

使わないまま眠らせるのはあまりにも申し訳ないし失礼だ、ということでサイクリングに同行させてもらう運びとなり、その出先でバッチリとやらかしてきたわけです。

行程は約30から40キロ程度で今回の参加者は3名、最初に『軽い坂』があるがそこを越えてしまえば後はなんてことないと説明を受けていました。勘の悪い方でも何となく読めたと思いますがその最初の坂で盛大にやらかしたのです。

どうせ登るならなるべく足を着きたくないと意地を張ったのが失敗でした、まず腰に痛みが来ました、普段坂道を走ることが少ないため腰だけに大きな負担のかかる姿勢で登ってしまいました。

腰の痛みが我慢できる許容範囲を超え、これ以上は骨がヤバイと感じるほど痛みが増したのでようやく地に足を着き自転車を押して登りだしました。スイスイというほどではありませんが、同行者は自転車に乗ったり降りたりを繰り返しその間も進んでいきます。『このままいつまでも姿を見せないと心配をかけてしまう』と思い自転車のフレームに跨ると、なんと右の股関節に違和感が『あ、これはダメなやつだ』とすぐに気が付きました。いわゆる「攣《つ》る」時の前兆のようなものでしたのでフレームを跨ぎそのままの姿勢でペチペチと歩いて登ることになりました。横を通り抜ける車からすると大変かっこ悪い姿だったことは間違いないです。

何度か足の筋《すじ》を延ばすように歩いたり太ももを持ち上げ、違和感がほぐれないか試しているとだんだん軽くなってきました。まだ違和感は残ってますが『待たせるわけにはいかない、この程度の違和感なら歩くよりペダルを回す方がよくなるかも』と思い、違和感のある右足で軽く踏み込み、左足の力で強く踏み込めば何とか漕げると当りを付け行動に起こしたのです。

違和感のある右股関節の痛みを我慢し、左足で踏み込める範囲までペダルを回せましたので左足を力強く踏み込みました。ズキリと大きな痛みが「左足のふくらはぎ」に走りました、そう攣ったのは今の今までなんともなかった左足側に症状が出たのです。

この痛みで私は学びました、アウトドア派の『軽い』は信じてよい言葉ではないということを、なんなら詐欺を疑うレベルでじっくり疑うべき言葉だと思い知りました。後は『若いから大丈夫』もダメです。実際にほぼ外出していないひきこもりの体力を大きく見誤っています。

『軽いという坂ならかなりしんどいだろうな』程度と考えていた私自身も認識が甘くとんでもないズレです。普段から体力がないとは伝えていましたがお互いに結構な認識のズレがあったようです。

泣き言たっぷり

ペダルは回せません、登り斜面なのですぐに減速しそのままでは倒れてしまいます。すぐ右の車道では決して少なくはない頻度で石か土砂を積んだ大型のトラックが走り抜け、倒れてしまえばタイヤの模様が私に付くか、避けようとした車が大惨事を起こすことでしょう。左側は斜面を滑り落ちるか木の陰で常にジメジメし、よくわからない草や木の枝がたっぷりなところにダイブするしかなく、どちらもあまりにも嫌すぎたので根性で地に足を着けました。

左足は硬くなりつま先しか地に着くことが出来ません。このままではいずれ倒れてしまいますので痛みを我慢し左足の筋を伸ばすようにじっくりと踵を地面におろしていきます。すると左足に負担をかけないようにと力が入ったのでしょう、右足の裏が攣りました。

このあたりで私はやらかした感と参加したことの後悔をたっぷり味わっています。まだ電車を降りて5キロも進んでいないようなところだったかと思います。『帰りたい』とただひたすらに心の中で泣いていました。

フレームを跨いで居るのも辛いほどでしたので、側溝に落ちないように注意しながら左足を軸に自転車を降ります。自転車に体重をかけ痛みを我慢しながら両足の筋を伸ばし、どうするべきか考えが頭を廻ります。

『動けない、連絡して助けを求めるか』他の2人だって自転車です、どうやって助けてもらうというのか、何より更なる迷惑をかけてしまうことが怖いのでこの案は却下です。『この山道を登ってる車に頼んでプチヒッチハイクを頼むか』どこに車を寄せるというのか、目に映る範囲ではそんな横幅はないのに加え、人見知りのひきこもりにそんなことできる勇気はありません。しかたないので痛みが残るものの、右足の裏の攣りが取れたので両足を庇いながら自転車を押して登ります。

両足を庇って歩きますと来ました第3弾、左足の裏が攣りそうになってきました。もう痛みと心情を文に起こすのも嫌になってきました。左足の親指を立てる様に、そして足の筋を伸ばすように坂を登ります。

焦りばかりが募ります。ヨタヨタと歩く自分と同行者の移動スピードは大きく違います。坂を登り終わり下っていたならば連絡を入れこちらへ向かってくるのだって大変です。『心配をかけている、連絡を入れるべきだ』と頭に浮かびますがあまりにも自分の姿の情けなさに一言連絡を入れる勇気すら持てません。

さすがにこれ以上は待たせられない、痛みはあるがやるしかないと再び自転車に跨り、強い力で漕ぎ出して失敗したこと思い起こし優しい踏み出しでペダルを漕ぎだそうとします。そう漕ぎ出そうとです。「もうくんな帰れ」と言いたくなる第4弾が来ました。右のふくらはぎが小さく一部分攣ります、もうヤダ助けてくださいと何にでもいいからすがりたくなりました。

とはいえ攣ったのはふくらはぎの極々一ブロックこれなら我慢できるとゆっくりと坂を登り始めました。すると間もなく登りの途中で同行者の一人が待っていてくれたのです。

言い訳は誰よりも自分に

同行者の一人と合流出来たのでまずは初手謝罪から入り、その後説明を行います。「両足が攣りました、足は2本しかないんですが4カ所攣りました」ギャグ以外でこんなことをいう日が来るとは思いませんでしたし、思いたくありませんでした。

同行者からその場で出来る腰の痛みを取るための運動を教えてもらい実行し、ゆっくりでよいという言葉をかけてもらいながら時に自転車で、時に徒歩で山を登りました。もう一人の同行者はさらに前へ進んでおり下った先に待っていると教えてもらいました。その方と顔を会わせるのはまだ数度目でどのような人であるのか把握しきれていません、恐怖が沸き上がってきます。

どう謝ればよいのだろうか、気持ちよく走れると楽しみにしていたサイクリングに水を差してしまった。雲が厚く体を動かさねば寒さを感じるような気温の中、友人と走りに来たにもかかわらず一人で待ちぼうけさせてしまった、だが謝りすぎればそれもきっと気分を害してしまう、どうすれば、どうすればと考えが纏まりません。纏まらなくとも進んでいけばどんどん近づいていきます、そして坂を下りコンビニ前の信号で待っているもう一人の同行者と合流しました。

「待たせてしまいすみませんでした」両足が攣ったことを説明すると「あーやっちゃったか」

と思っていたより軽い返事、少しそこで休憩をするということで私は座ったり再度柔軟を、同行者の2人は地図を見てこの先のルートの確認です。

さてその時私の頭の中はどうなっていたのか、答えは『謝りたくてたまらない』です。相手に対して申し訳ないという気持ちが強いからではなく、許しを請いたくて自身が安心したいがために謝りたくてたまりませんでした。

相手の態度や様子を見れば更なる謝罪を求めていないと私自身感じていました、それでも自身のその判断を信じることが出来なかったのです。その謝りたい衝動は『無事に走り終え、電車で帰る段階になったきちんと謝ろう』という形で自分なりに飲み込み納得することで乗り越えました。

その後、登りや下りをいくつも越えて無事目的地の駅に着く事が出来ました、到着と同時に電車が走り去り電車を1本逃してしまった、2人に最後まで迷惑をかけてしまったと思い込み完全に頭がとにかく謝罪モードに、となりそうだったのですが何と元々の予定の電車は今から50分後の物でした。

誰よりも自分に『ここに到着するまで最後の謝罪は我慢だ』と言い聞かせ走ってきたこともあり、堰を切ったような謝罪で終わる旅とならず大変安堵したことを覚えています。

自己分析

さてここまで信号・人間像・サイクリングと三つの例を出させてもらいましたが皆さんはどう思われたでしょうか、『そこまで重く受け止めなくても』といった感想あたりが多いのではと予想しています。ですがきちんと私なりに自分の思考について『多分こういうことなのだろう』と考えていたことがあるのです。もちろん乗り越えられているかは別のお話、乗り越えていたらここで原稿を書いてはいないと思います。この章では私自身はどうしてそうなのかといった自己分析の話をさせていただきます。根本的なところが歪んでいる自覚があるので私はきっとズレていると思います。

感覚を閉ざす生き方

一つ目は望んでも叶わない事を繰り返し続けたため、より傷つかないように諦めることを優先するようになっていることです。

誰かと比べてではありませんが私はたくさんのことを諦めてきたと思います。何を諦めてきたのかという話は無しにしてください、多分ですが私がめっちゃ辛いです。

ただ間違いなく言えるのは多くの望みは自力では叶わない、叶えられない物だと悟り望みを切り捨て、そこまで欲していないのだと自身に言い聞かせ感覚を閉ざしました。そうすることで強すぎる自己否定や人格否定の刺激から心を守り続けていました。

自身の心が揺れ動いていない、惹かれたりしていないのだと鈍感な振りをすることでそれが叶わぬことによる強烈な無力感や罪悪感、暴力的な衝動はもちろん人に飢える気持ちを必死に抑えたり誤魔化すことが出来たのです。諦めて故意に感覚を閉ざしてきたからこそ私は今も生きています。

無価値な自分

二つ目が自身に対する価値を信じていないことです。いわゆる自己肯定感が欠如している事、それに伴い自分のことですら自分で決定することが出来なくなり基準全てが想像上の他者、もしくは社会になっていることです。

今日、寒かったのでお昼ご飯を外に食べに行きたくなりました。毎日のように家にあるスーパーの菓子パンや総菜パン、冷たい前日の残り物をレンジで温めるのではなく作りたての暖かいものが食べたくなりました。最近は極々少量ながら収入を得て月に一度はお昼ご飯ぐらい食べに出られます。実際には一度として食べに出てはいませんが財布の中にそのぐらいはあります。

けれど私は何かと親がお金が無いと言っているのを聞いていても家計を助けることは出来ていません、自身の年金すら払えていません。そんな私が親にお金を渡すでもなく暖かいものが食べたいからと外食するのは悪いことだ、そう考え外へ出ることを諦めました。

食事だけではありません、欲しいと思うものがあっても『自身のお金はある、だが私が趣味に使うのは悪いことだ』と必ず考えてしまいます。

吾輩は罪人である、そのような権利はない

何かを望む時どのような思考の根元も『自分にはその行いに見合う価値があるか』『自分の在り方が間違っていないか』という疑い前提の為、『自分がこうしてみたい』ではなく『自分以外の人であれば正しいと判断するかどうか』が判断基準の上にきます。価値のない自身を喜ばせるためだけの行為など到底許されるものではないのです。

そしてまた「こんなことすら出来ないのか、情けない」と自身を責めて情けなさを味わいます。

『吾輩は猫である』ならぬ『吾輩は罪人である、そのような権利はない』とでもいうかの

ようです。

とても自虐的な行いですが自分で自分を責めて罰するならばけして踏み込んではいけない域に踏み入らないのです。私は悪である、だから罰を与えたという生き方は、どれほど傷つけられるか分からない他人とのやり取りより安全に自身を騙すことができます。罰を受けたからこの苦しみを一部手放してもよいのだと、そうやって騙し騙しに心が壊れるのを防いでいます。何かを咄嗟に望んでしまった時そうやって処理をします。

前向きではないのは分かっています、ですがこれが私に唯一出来た本能的に生きるための足掻きです。

踏み込めるのは受け止められる分だけ

Q．鈍感な振りしたまま私が頑張れないのはなぜ？　A．人としての『軸』が出来ていないから踏ん張れない、というのが私なりの答えなのですがそのメカニズムのご紹介です。
私はよく思考の優先順位が狂っています。今考えるべきことより先のことを考えすぎてしまいます。その結果リスクや失敗した時の痛みも想像し『あ、これ失敗したら痛すぎて耐えられん、心が死ぬ』と体と心が怖気づきます。

背負えるリスクを大きく超えること、危険と感じることには手を出しにくいもの、と解釈しています。そこまでは割と単純な、人としてある意味当然のこととは思うのですが、私の場合は覚悟をすれば耐えられる痛みや苦しみの許容範囲が長年の心の防衛策のせいで小さく狭くなっています。

私が何かを行うためにする覚悟とは、挑む覚悟ではなく痛みを負うというズレた覚悟です。これでは踏み込める歩幅は小さく、受け止められる覚悟のあるところまでしか足を延ばせないものと考えられます。後もう一歩が出ないのです。といいますか、これから痛いと分かっていれば本物の鈍感でも気が付いていれば避けようとします。

また当たり前が出来ないことを恥じる気持ちと失敗を許されない、失敗は私の価値を損ない不要な物として扱われるのだという強迫概念もついてまわります。

最近のいじめのニュースやらなんやらを見ているだけでも出来ないことを笑われる、馬鹿にされる恐怖はけして妄想ではなく現実に起こりえることだと思っているのですがどうなのでしょう、私は人生経験が浅くわかりません。

自己分析　本能のブレーキ

なぜ未だに社会に適合できていないのか、私というひきこもりの総評は『生きるために身に着けた本能のブレーキが効きっぱなしであり、本当の安心感を得るまでたとえ何度バイトや仕事に就こうがひきこもりを繰り返すだろう』になると思われます。一応言い訳しておきますが開き直りではないですよ？これがネックになっている自覚があっても向き合い飲み込む勇気がないだけなのです。やっぱり開き直りかもしれないです。

後ろ向きだし面白みのない人間ですが改善するため誰か助けてください、安心して失敗できる相手をたくさん作らないと脱出できそうにはありません。

そしてすべてのひきこもりがそうだというつもりはまったくありません、ですが私と同じように自己否定や外部からの耐えがたい痛みをシャットダウンするため、本能のブレーキがかかっている方はけして少なくはないと思っています。

次の一歩は「後ろ」へ「進め」

では私のようなタイプはどのようにすれば改善されると考えているのか、それは『悩む』事を肯定されることと、現在の年齢にそぐわない幼いころに通るべき発達を恥じることなく向き合える環境を作ることです。

その人が引っ掛かっているのは赤子の頃に経験している愛着の形成かもしれません、人と違ってもそれを悪といわれない幼年期の安心感かもしれません、人によっては思春期のようなジレンマかもしれません。人によって崩れ去ってしまった部分は違います。求める相手も違います。

ひきこもりは年々高齢化が進んでいると言われています。50代～60代も決して少なくないことでしょう、そんな中で『私はいい人を演じなくてもいいですか』、『手際が悪かったりみっともなくてもいいですか』と気軽に言えるでしょうか、言える相手が誰にでもいるでしょうか、今いる場所にすら安心感や信頼を置けないならいったいどこでそれらと向き合うのか、そこが環境において大きなネックになっているように思えます。

だからこそせめて『悩む』ことを肯定してください、『悩んでいる』ということそのものをけして恥じなくてよいようにです。自身の想いを誰かにいくら吐き出そうと、自分が納得し受け入れられなくては片手落ちもいいところです。

前へ進む前に後ろを見ましょう、辛いことに今向き合えとも言いません、自分で適当に納得する形を探せばそれでいいのです。納得を探すために『悩むことそのもの』を恥じなければばOKです。自分の気持ちを見つけることが何より優先です、答えなんぞどうでもよいです。その後ひきこもり続ける手段を探すなり何なりと自分の納得がいく生き方を探してください。今すぐに、そして常に前だけを向いて悩み続ける必要はないと思うのです。

とても抽象的な表現で申し訳ないが「今いるここから出てもここへ戻れる場所」を見つけられるかが勝負です。それが出来るか念入りに確認してようやく前に一歩出る人がいてもいいはずです。

まぁ私自身が自分を信じられないと言っているので、この考えそのものが大きくズレているかもしれません、なのでこの考えを信じるのはほどほどでお願いします。

ズレが嬉しい事もある

マイナスなこと以外も書こうと思っていたのですが字数オーバーもいいところですので短くいきます。

その1、母親が趣味を始めたことです。私のせいで苦しんでいる、人生を台無しにしたと思う事が減りました。母が楽しんでいる姿は私に引きずられるだけでなく母の人生も歩めているのだと安心感につながりました。

その2、先生が約束を破ったことに対して叱ってくれたことです。隔日で登校するという約束を破り2週間学校を休んだところ別室担当の強面先生が訪問、約束を破った私は見捨てられて当然だし見捨てて欲しいとすら思っていたところに「約束をやぶるのか？　どうするのか？」とこわーい顔と声で問われ真剣にやり直しの選択を示してくれました。

もう終わった、終わってしまったと思っていた私にとってダメでももう一度挑める、出来ると信じてくれているのだと感じさせてくれて、その場で泣いてしまうほど嬉しい言葉でした。

その3、「これからお前の進級会議やってくる」です。裏で知らない間にやるのではなくはっきりと自分に伝えてくれることにすごく誠実さを感じていました。おかげで重大な事なはずですがどんな判断でもいいやと安心して過ごせました。ちなみに2年連続このセリフを聞いた覚えがあります。

その4、「君がやるなら手を貸すけれど私が前に立ってやりはしない」と「私からすればどうでもいい」です。ちゃんとした言葉は覚えていませんがニュアンスはこんな感じだったはずです。断ってもいいし、断ることに何も悪感情が無いと明確に伝えてもらえたおかげでちゃんと自分以外の事を考えず悩んで決めることが出来ました。これが無ければ今頃ＨＨＰ

を抜けてました。

どれもが私がこのように受け取るだろうと思ってかけられてはいないだろう言葉と行動です。でもどれも私にとってはなかなか忘れられない嬉しかった出来事です。以上、それが嬉しいの!?的な私のズレた感性でした。あと、やっぱり思ったより短くなくて申し訳ないです。

コラム1

頼りになる若者たち

高井　逸史　大阪経済大学人間科学部教授

少子超高齢化が進む中、私はシニアの健康づくり講座を主催し、効果的な介護予防のあり方を実証検証しています。特にウォークイベントに関しては、今や彼ら若者たちの協力がなければ開催できません。

はじめは、2019年5月、堺市泉北ニュータウンの緑道を歩く「緑道ウォーク」に若者たちが参加。自助グループ「さなぎるど」代表の中谷信哉さんと住民と一緒に下見。さらに、緑道ウォーク名物の「じゃんけん大会」の景品の選定と購入を依頼。いざスタートすると、集団から遅れる参加者が出現し、若者たちは彼らと一緒にゴール地点をめざしました。後日、参加者から「彼らが一緒に歩いてくれたので、安心してゴールできました」と、感謝のコメントを頂きました。

2回目は同年10月に実施し1回目より多くの若者が参加しました。「さなぎるど」のメンバーと一緒にコースの草刈りを実施。しかも今回初企画のクイズラリーが登場。ご当地にまつわるクイズを彼ら自らが考案し、正解した参加者には粗品を進呈。最後は恒例の「じゃんけん大会」で緑道ウォークが終了。今回はイベントの企画や運営全般に携わっていただきました。主催者として本当に有り難い限りです。

イベントへの参加を通じ若者たちが自分たちでできることを考え、自ら行動に移すことにより、達成感や満足感が得られたと思います。こうした経験知はきっと自己肯定感につながり、さらなる前に進む原動力になると信じています。

私のひきこもり体験　4

過ごしてきた今

匿名

不登校になったとき、「私の人生は終わった」と思いました。これで、なりたい職業に就けない、祖母の希望する高校に行けない、もう普通に生きられない、と思いました。

学校に居場所を感じられなかったのは小学校の頃からです。なぜ自分は生きているのか、といつも思っていました。ニュースで人が亡くなったことを知るたびに、「なぜ、あんなに人に想われている人が亡くなって、こんな私が生きているのだろう」「なぜ私じゃないんだろう」と思いました。中学校に入ってすぐ、いろんなことがわからなくなりました。笑っている友達に合わせて笑うのに疲れました。頑張って勉強することに、疲れました。誘われるままに決めた部活、本当にしたかった部活を選ばなかった自分を何度も悔やみました。自分を偽って過ごすことをやめたかったのです。本当は何も無理して頑張りたくない、褒めてもらえるかを考えて行動したくない、と思いました。

私が不登校になって家族がバラバラになりました。毎日、家族が私のことでケンカをして、家にも居場所がなくなりました。学校にも、家にも、どこにも、自分が存在していることが辛かったです。いまもこうしてその時を思い出して文章を書いているだけで、涙が止まりません。

学校は行くべきところ、学校に行って当たり前、と私も家族もみんな思っていました。運良く、「しんどいなら無理に学校にいかなくてもいい」と言ってくれる民間の団体（登校拒否、ひきこもりを経験されたお子さんを持つお母さん方が立ち上げた居場所）に出会うことができ、週1回、少し年上の経験者の方やボランティアさんと過ごしました。

そこでは勉強もしなくていい、無理に食事をしなくてもいい、学校の話もない、ただ座ってテレビを見るだけでも、他の人の話を聞いておくだけでも、どんな過ごし方でもいい、何より「なんで学校に行かないの？」と聞かれない、そんな場所が私にはものすごく居心地良かったのでした。

居場所の人に教えてもらい、自分も通えそうと思って選んだ通信制の高校に入って、個性の強いいろんな先生に出会い、「普通」という概念がない「あなたはあなた」という空間で過ごすうちに、自分は存在していていいんだと安心できました。それでも、通信制の高校にしか通えない自分を責め続けていました。

「20歳までしか生きない」と決めていた私でしたが、19歳の時に同居していた祖母を亡くし、時が止まった気がしました。大学で出会った友達に、生きていることが昔から辛いと感じていると話していたこともあり、20歳の誕生日にお手紙をもらいました。そこには「あなたが生きていてくれたから出会えてよかった」ということと、「辛いことはたくさんあるけれど、幸せなことも時々あるよ」というような言葉が書かれていて、そんな言葉をかけてくれる人と友達になれた、これだけでもう大学に行った意味があったと思いました。

大学に行ってからも、社会人になって働いてからも、いろんな人に出会い、いろんなことを知っても、まだ今も、あの時の自分と今の自分を責め続けています。なぜ、普通に生きられないのか、と、まだ「普通」を探しています。

見れなかった中学校、知れなかった全日制高校が知りたくて教職に進み、高校で3年間だけ働きました。当たり前ですが、いろいろな高校生に出会って、改めて「いろんな人が頑張っている」ことを知り、「何か、この人たちに自分ができることはないのか」と考える日々でした。その中で一緒に授業や行事に参加し、少しだけ学校生活をやりなおしできた気がしました。

その後結婚し、子どもを授かりました。息子はいま3歳半です。子どもを授かったときは、とにかく不安しかありませんでした。「普通」の感覚がない私に子どもを育てられるのか？と思い、悩みました。それはいまでも常に思っていて、これでいいのか？と思うことの連続ですが、子どもを産んで、この子に出会えて良かった！と心から思っています。

この子に出会って、抱きしめて、授乳し、お世話していたときに「あー、私はこの子に出会うために生まれてきて、今まで生きてきたんだな」と思い、誰よりも私を必要としてくれる（子どもからすれば生きるために当たり前のことをですが…）ことに、ものすごく感動し、「この子のためにいまは死ねない」と思いました。

不登校になったことも、その時の感情も記憶も、きっと、ずっと消えないのです。私はこのことをずっと背負って生きていく。もう変えられないことも、こうやって生きていくことも、全部頭ではわかっているつもりで、でも心はずっと、今も、人と同じようにできない自分を受け入れられずにいるのだと思います。不登校になった中学校を卒業しても、いろんなことを抱えたままですが、それでも生きている。それが全てだなと思います。

私のひきこもり体験　5

自分の居場所は自分が変わったときに初めて見つかる

松下英治

まさか自分がひきこもりになるなんて

「ひきこもり」という言葉に対して、どんなイメージをお持ちですか？「甘え」や「わがまま」などネガティブな印象をお持ちの方が多いのではないでしょうか？

実際、そういった面があるのは事実だと私も思います。ただ、みなさんはこうも思っていませんか？「ひきこもりなんて、自分には関係ない」「自分の子どもが、ひきこもりになんてなるはずがない」と。

私もそうでした。まさか自分が「ひきこもり」になるなんて思ってもみませんでした。当然両親も同様でした。まだ「ひきこもり」という言葉自体が世間に浸透していなかった時代、今から20年ほど前になりますが、私は社会から離れて、ひきこもったのです。

現在私は、多くの子どもたち、特に十代の若者たちに囲まれて仕事をさせてもらっています。彼らのエネルギーはとても大きく、いつも元気をもらうことができ、心からこの仕事を選んでよかったと思いながら毎日を過ごすことができています。勉強を教える立場ですが、勉強以外のことは彼らからたくさん学ばせてもらっています。そういった環境の中で仕事を始めて数年経って、これまでの人生を振り返ったとき初めて、私は「ひきこもりになるべくしてなったんだ」ということに気づきました。

暗黒時代の中学3年間

私が「ひきこもり」になったのは、24歳のときでした。きっかけは簡単にいうと就職の失敗という、特に珍しくもない理由ですが、この就職の失敗は偶然ではなく必然だったように今では思います。

私は小学校時代、どちらかといえばクラスの中心的存在でした。スポーツはそれほど得意ではありませんでしたが、勉強はできる方でした。当時の小学生の社会というのは、勉強ができることが一番のステータスであり、自分でいうのもなんですが、人気者だったと思います。それが自分では心地よく、だんだんとその場所にいることが当たり前に感じるようになってきました。

もともと極度の緊張しいで、人前で話すと声が震えたり、顔が真っ赤になったりしました。さらに滑舌も悪く吃音もありました。そんな私が学級代表や生徒会長をしていたのです。リーダーシップもなくそういう役職が得意なわけではなかったのですが、いつの間にか「勉強もできてクラスの中心にいる自分がするべきだ」と勝手に思い込むようになっていました。ただ、それらが特に嫌だったわけでもなく、人前で話したりするのは恥ずかしかったのですが、自分が中心にいることの誇りというか、先生や友達のお母さんも自分には一目置いているという感覚が心地よかったのは確かです。

そういう状況が一変したのは中学校に入学してからでした。私の通っていた中学校は当時市内で一番荒れているといわれていた学校でした。もともと気が弱い私は、そういう中学校に通うことにかなり不安だったのですが、他に選択の余地はなく入学することになりました。

中学校では「勉強ができる」というのはプラスには働かず、「ガリ勉」「根暗」というどちらかというとバカにされるというか、イジられる要素となりました。中学生になったばかりのときは、小学生時代と同じように自ら学級代表になりました。ですがある日、学級代表が集まる会議があり、他のクラスの学級代表は私とは真逆の、話がおもしろい陽気な子であったり、ヤンキーであったり。ものすごく場違いなところに来てしまったんだという気持ちになったのを今でも覚えています。

それから私はだんだんとクラスの目立たない存在になり、自分の立ち位置がわからなくなってきました。ヤンキーにからかわれても何も言い返すことができずヘラヘラと笑っているだけで、小学校時代には私のもとへ集まってきていた子たちも、どんどん離れていき、ますます居心地が悪い場所となっていきました。この中学校での3年間は、私は「暗黒時代」と呼んでおり、大人になると子どもの頃に戻りたいと思うときは誰にもあるでしょうし、私も例外ではありませんが、この3年間に戻ることだけは絶対に避けたいですし、思い出すだけでも気分が悪くなるほど、私の居場所がなかった時代でした。

一日も早くこんな学校から離れたい。小学校のときのように居心地のいい場所にいきたい！と強く願うようになりました。とにかくヤンキーのいない学校がいい。おそらく偏差値の高い学校にいけばヤンキーはいないだろう。そう考えた私は地元のトップ校に合格するために猛勉強を開始しました。中学3年生の頃には、ほとんど誰とも話すこともなくなり、学校に行っても何も楽しくなんてありませんでしたが、「もうすぐこの学校を離れることができる！楽しい高校生活が待ってるんだから、もうちょっとの辛抱や！」。その気持ちだけが私の支えとなり、無事に中学生活を終えることができました。卒業式では泣いている同級生を冷めた目で見ながら、私は「もう二度とこんな所に来なくていいんだ」という喜びいっぱいで、式が終わればだれと話すということもなく、ダッシュで家に帰りました。

自分がどうなるか不安だった高校時代

そして念願の高校生活が始まります。期待していた以上に高校は平和で、穏やかな高校でした。この高校に入学して、失われた3年間を取り戻すことが最大目標だった私は、入学と同時に勉強することを止めました。当然成績はクラスでも最下位に沈んでしまいましたが、そんなこと私にとってはどうでもよかったのです。

漫画のように暴力が支配する中学校で過ごした私は、「強さ」を身につけることが大事だと思い込んでおり、高校入学と同時に柔道部に入り、筋トレも毎日頑張り強くなることを目指しました。体も大きくなり、真面目でおとなしい子が多い学校でしたので、私もだんだんと調子に乗ってしまいました。といっても特に暴れたり、先生に反抗したりすることはありませんでしたが、中学校3年間のたまっていたものが、一気に爆発したように弾けました。

ですが一方では「気の弱さ」や「話すことのコンプレックス」というのはまだ続いていました。授業中にあてられると、立って答えるだけなのに、顔が真っ赤になり、人前で話すとなると顔が赤くなるだけでなく、何回も噛んでしまい、うまく話すことができませんでした。体が大きくなり強がっていても、そういった部分はまったく変化がなく、授業中にたびたび寝るようになったのは、先生にあてられることを避けるためでした。人前で話すようなことは可能な限り避け続けました。この頃には電話をすることにも恐怖を感じるようになり、まだ携帯電話がない時代でしたので、友だちの家に電話をしたときに、「もしもし、◯◯ですが、△△君おられますか？」というたったこれだけのことが言えず、特に自分の名前が発音しにくく、かなりの確率でどもってしまうので、どうしても電話をしないといけないときは、言いやすい偽名を使っていました。

高校時代は中学時代とは正反対で、本当に楽しかった3年間でしたが、なんだか自分のコンプレックスが増しているような気がして将来に向けての漠然とした不安が生まれてきました。高校の同級生は、おそらく私のことを「怖い子」「何を考えてるのかわからない子」という印象だったと思います。実際に卒業してからそのように言われたことが何度かありました。というのは、私は高校3年生頃から、学校でよく奇声を上げたり、壁などを殴ったりしていたからです。自分でもどうしてそんなことをしていたのかよくわからないのですが、やはり自分がどうなっていくのか不安だったのかもしれません。

大学受験の空気に流され受験するも…

高校3年生までほとんど勉強はしませんでした。なぜなら目標がなかったからです。当然成績もどんどん下がっていき、3年生の夏休み前の実力テストでは、全校生徒のブービーの位置になり、数学のテスト中も、真面目に解こうと思っても何一つわからず、問題文の意味さえわからず、暇でボーっとしていると、先生が近くにやってきて「お前、帰るか？」と言われたので、試験時間はまだ40分ほど残っていましたが帰ってしまいました。試験途中で帰らされるほど勉強ができなかったのです。

そんな私でしたが、周りの大学受験の空気に流され、「大学受験しよう」と思い勉強を開始しました。それまでほとんど勉強してこなかったので、1年生からの勉強となったのでそれは大変でしたが、もっと困ったのは大学選びというか学部選びです。将来どんな仕事をするのかなんて考えたこともなかったので、これはすごく迷いました。私は理系コースにいたので周りは工学部や理学部、医学部・歯学部が多かったのですが、私にはどれもピンときませんでした。「でもまあいっか」と深く考えず、とりあえずどっかの工学部にでもいこうと勉強しましたが、勉強をサボっていた代償は大きく浪人へとまっしぐらでした。

予備校に通い始めて数カ月は勉強に打ち込んでいましたが、夏ごろになるとバテてしまい、予備校をサボって遊びに行く日が多くなりました。高校受験の頃はあれほど集中して勉強できていたのに、どうしてこんな中途半端な勉強しかできなくなったのだろうか。今考えれば、言い訳かもしれませんがやはりそれほど大学に魅力を感じていなかったのでしょう。どうしても行きたいという強い気持ちがなく、「ただ周りが行くから」「地元の小学校時代の同級生にかっこつけたいから」そんな理由だったような気がします。それでも秋ごろからは勉強しましたが、結果は全滅。二浪へと流れていきました。当時の私は家の経済状況がどれほど悪いのか、どれほど予備校に費用がかかるのか、もう20歳になるのにそんなこともわかっていない、知ろうともしないバカな子どもでした。後からわかったことですが、高校〜浪人〜大学の期間で親は私のためにたくさんの借金をしてくれていたのです。

二浪後、国立大学に入学したが

二浪した私は、そんな親の苦労も知らず、「二浪したからには、それなりの大学いかんとカッコ悪いな。よし、医学部にいこう！」とそんな理由で医学部を目指しました。もともとそれほど頭がよかったわけでもなく、努力でなんとかここまで来ていただけの私が、そんな軽い気持ちで頑張ったところで到達できるはずもありません。センター試験ではコテンパンにやられ、当然医学部は不合格となりました。ただ、「もう浪人はしたくない」という気持ちで滑り止めの大学もたくさん受験させてもらえました。もちろん医学部以外で。ただそうなると、学部や学科はどうしようかと、やはり高校3年生のときに悩んだ振出しに戻ってしまうのです。「ようわからんけど、工学部でいいか」と工学部の大学を私立・国公立をあわせて7校受験しました。工学部の中でも学科がいくつにもわかれており、化学系や物理系、物理系の中でも機械系や電気系など多くの中から選択できました。しかし私はそれらのどれにも興味を持っておらず、将来こんな仕事をしたいなんて思ってもいず、私が選んだ基準は「一番合格しやすそう」でした。だから、ある学校は工学部の化学系、別の学校では工学部の機械系などまるで一貫性のない受験をしました。おかげでいくつかの大学を合格することでき、その中で一番偏差値の高い大学に進学しました。

医学部はダメだったけれども、国立の大学に合格できたことで私は満足でした。しかし、いざ授業が始まってしまうとそんな満足感など吹っ飛んでしまい、大学に行くことがたまらなく嫌になりました。まず、勉強がわからない。そしてその勉強にまったく興味がわかない。高校のときと同じでした。大学に合格するために勉強をしてきましたが、何か将来の目標があって大学に入学したわけではありません。大学卒業後のことが何も見えていない状態で、こんなおもしろくもない勉強をすることが苦痛でした。

大学へは電車で通っていて、2回乗り換えなければなりませんでした。大阪駅で阪急に乗り換えないといけないのですが、私は大阪駅で力尽きて、そのままパチンコ屋に行くことが増えました。ひどいときには、電車に乗ることもなく、私と同じように大学にほとんど通っていない地元の友達と朝から一日遊ぶこともありました。おそらく両親は、私がそんな生活をしているとは思っていなかったでしょうし、真面目に大学に通っていると思っていたでしょう。

そこに罪悪感を覚えることもなく、私のサボりはますますひどくなっていきました。大学へは週に1回か2回ほどしか通ってなかったので、当然大学でも友達なんてできませんでした。そうなるとテストの情報なども回ってこないし、楽しくないしという悪循環に陥ります。だからといって大学をやめる勇気もなく、とにかく卒業だけはしようと最低限度の勉強はして、テストの情報などをもらうために、付き合いたくもない同級生と無理に友達（うわべだけですが）となりました。

大学の4年間で何を学んだかと言われると、何一つ答えられないほど、何も私は勉強で得ることができませんでした。浪人していたころと大学卒業するころだったら、もしかすると浪人していたころの方が学力は高かったのではないでしょうか。それほど大学での勉強は私には無駄になったのです。

ただ、高校生まで苦しめられていた、吃音や赤面症に関しては大学での授業では発言する機会などほとんどありませんでしたので、この面だけは気楽に授業を受けることができました。

大学卒業後が不安になって

大学にはあまり通わなかったのですが、一方でアルバイトはそれなりにしてきたと思います。飲食店やホテル、工事現場・交通整理、家庭教師や塾講師などを経験しました。しかし、このアルバイトが大学以上に私にはやっかいなもので、苦痛でした。話すことが苦手な私は接客の仕事ができず、何度も失敗を繰り返しました。ホテルではフロント業務を任されたのですが、お客さんが到着して部屋に案内するときにも、うまく話せないため、ついつい無口で無愛想な態度になってしまい、お客さんからすれば「なんてふてぶてしい従業員なんだ」と思われたことでしょう。実際に、そのホテルにはアンケートが各部屋に備え付けられていて、私のことを名指しで注意するような紙が何枚も集まりました。そのホテルの偉いさんに呼ばれて、話し合った結果2カ月の契約でしたが2週間で辞めることになりました。まあ、クビですね。飲食店でのバイトでも、同じようなことがたびたび起きて、途中でクビになることがほとんどで、またそうでなくても私のメンタルがもたずに逃げるようにして辞めてしまうことが多くなりました。

さすがにこれほど何度もクビになると自分でもわかるようになります。「ああ、自分は人と接する仕事は無理なんだ」と。それからはできるだけ人と関わらないアルバイトを選ぶようになりました。仕事をしているときは楽でしたが、休憩時間などでみんな集まる場所へは、行くことができず、話の輪に加わることは全くありませんでした。これはどこのアルバイトに行っても同じで、アルバイト先で友達はもちろん、休憩時間やバイト終わりに話したり、ご飯を食べに行ったりすることなんて一度もなく、基本的には一人でいることがほとんどでした。小学校のときや高校のときのように、居心地のいい場所とは程遠く、遊びに使うお金が欲しいから我慢して働くといった感じでした。十種類以上のアルバイトをしましたが、楽しいと思ったことは一度たりともなかったです。

また私は前述したように電話がとにかく苦手でした。面と向かって話すこともままならないのに、顔の見えないしかも初対面の相手と話すなんて、私にはハードルが高すぎることでした。職場に電話があれば、まずそのそばには近寄らないようにしました。どうしても電話の近くにいないといけないときには、電話がなってしまったら、何か急に用事ができたふりをして、その場から立ち去っていました。

あいかわらず大学では、学校の授業もわからず、将来の夢もなく、ただ卒業するためだけに通っているだけ。アルバイトにいっても、たいした仕事もできずに、話すことから逃げたり、ビクビクしながら時間が経過するのを待ち、「俺は将来どんな仕事をすればいいんだろうか？」と大学3回生頃になって、ようやく自分の弱点の深刻さに気付き、大学卒業後のことがとてつもなく不安になってきました。

なんとか留年せずに私も4回生になることができました。周りのみんなはいよいよ就職活動を開始していました。バブルが崩壊してすぐの年だったので、目の色変えて就活している同級生も多くいました。一方私はというと、四回生になっても単位が山ほど残っており、その単位を取ることが先決で、正直就職活動をしている余裕なんてなかったのですが、どういう方向に進んでいけばいいのか、よくわからなくて悩んでいたのも事実でした。大学4年間で得た知識はほとんどなく、このまま理系の方面で就職ができたとしても、そこでやっていく自信なんてこれっぽっちもなく、だからといって他にしたい仕事もありませんでした。文系で就職しても、たとえば営業なんて私には絶対できないでしょうし、「自分に何ができるのか、自分が何をしたいのか」これまでの人生で初めて真剣に考えましたが、答えが何一つ出てきませんでした。

「もしかして俺にできる仕事なんてないのではないか?」。そんな不安が頭をよぎりましたが、「いやいや、それなりに勉強してきたやないか。俺には勉強してきたという事実と、国立大学卒業という武器があるやないか」と心を奮い立たせ、ようやく公務員試験を受けようという結論にたどり着きました。

警察は自分の居場所ではなかった

公務員試験とはどんな試験かを調べると、これまでやってきた勉強とは全く違って、なにやら法律などを勉強しないといけないということがわかりました。「大丈夫かな?」と不安になりましたが、大学受験のために二浪しているし、いわゆる「テスト」には慣れているし、当時の私にとっては「テストでいい点数をとる」ということが唯一の拠り所だったと思います。「なんとかなる」そう思って勉強を開始しました。当時の私の勝手な想像で公務員の仕事では「おそらく営業もないし、プレゼンなんかもしないでいいだろうし、話す機会は少ないだろう。コツコツと事務作業なら自分にも向いているのではないか」。そこに希望を持って、大学では残った単位をとるために毎日フルにつまった授業に出て、その後卒業研究の実験をして、それが終わるとようやく公務員試験の勉強をするといったハードな毎日を過ごすようになりました。

それでも私は、やっと自分の将来像が描けた喜びが大きく、そして目標があれば勉強することは特に苦に思わないタイプですので、大学に入って初めて充実した日々となりました。正直、卒業研究は1年間かけて論文を書いていくのですが、私の知識がなさすぎて、自分でもいったい何の実験をしているのか、この実験データは何を示しているのか、よくわからないままでしたが…。

公務員試験は警察や、市役所などの地方公務員、国家公務員の試験など受験できそうなものは全部受けました。ほとんどの試験ではなんとか一次試験を合格することができました。そして問題の二次試験です。二次試験は、一つのテーマで何人かの受験生で話し合う「集団討論」そして「個別面接」というパターンが多くありました。

「集団討論」では、うまく討論の流れについていけず、発言数もかなり少なかったです。「話すこと」のコンプレックスが私をより消極的にし、たまに発言してもそういった自分を見せたくないという気持ちからか、周りを攻撃するような発言ばかりしていました。また「個別面接」でも、まず質問されることは「君は理系やのに、どうして事務職を志望するのか?」ということでした。もっと素直に答えればよかったのに、それをなんだか責められているような気持ちになって、さらに「話下手」ということを面接官にばれたくない、という気持ちからか、おそらくふてぶてしい態度をとってしまったと思います。

当然結果は不合格ばかりでした。当時の私は「なんで俺が落ちるんや! 面接官のおっさんは見る目がないやつばかりや!」と怒り狂ってましたが、今考えるとよくわかるんです。私が面接官の立場で当時の私のような若者が面接に来たとして、やっぱり絶対に落としますもん。こんなふてぶてしい子と一緒に働きたくないですから。

そんな散々な結果に終わった公務員試験ですが、唯一警察だけが私を合格させてくれました。私の大学卒業後の進路は警察に決定したのです。警察は、大卒は半年間の寮生活をしなければなりません。半年間の訓練を経て、交番などに配属されるようになります。結論からいうと、わずか2週間というおそるべきスピードで私は退職してしまいました。理由は一つ。私の弱さが原因でした。

細かいことを言うと、「教官が、今日から俺らのことを親と思え!」と言われたことや「いい大学出てるからといって、俺らのことをなめるなよ」などという教官や先輩の言葉や、敬礼するときの腕の角度が少し違うだけで蹴られたりなど、嫌なことはたくさんありましたけれども、これも警察という大きい組織をまとめていくうえでは必要なことだったのでしょう。今ならそれがわかりますが（といっても、今でも耐えられないでしょうが）、当時の私は、その場所がこれまで経験したことがないほど居心地が悪く、このままここに居続けたら頭がおかしくなるんじゃないか、そして自分でこの職場を選んだにもかかわらず、「どうして俺はこんな場所にいるんだろう？」と頭が混乱してきました。「ここは俺の居場所じゃない」と判断した私は10日目に退職の気持ちを教官に伝えました。

不合格になるべくしてなる

たった2週間で実家に戻ってきた私を見て、両親はさすがに驚いていました。ただ、このときは両親も私も、この出来事が私の人生に大きな影響を及ぼすとは考えてもいませんでした。どちらかというと両親は「まあ、よかったやん。また別の仕事探しや」と気楽に言ってくれましたし、私も4月の半ばに退職したので、「すぐに就職活動を始めることができる！ラッキー！」ぐらいにしか考えていませんでした。

そして私の二度目の就活が始まりました。やっぱり、いくら考えてもしたいことが見つからず、結局1年前と同じく公務員試験を受験することに決めました。今度は大阪だけにこだわらず、父親の故郷である愛媛県など、受けられるだけ受験しました。結果は見事に全部不合格。私なりにずいぶんとハードルを下げたところも受験しましたのですが、ことごとく不合格になりました。一次試験は合格するのですが、どうしても二次試験の壁が厚く突破できません。「どうせ俺が話すのが下手で、緊張ばかりしてるから落ちたんや。たったそれだけのことやのに、俺みたいな真面目な人間は落として、口のうまい調子のええ奴ばかり合格にしやがって。ホンマあいつらは見る目がないわ！」

でも、今だからわかるのです。私が不合格になったのは、話が下手とか、そういう次元の話ではなかったはずです。一次試験にしても、高校受験や大学受験ほど勉強したかと言われれば、その十分の一もしていなかったと思います。当然点数もそれほどよくなかったのでしょう。二次試験の面接だけが原因だと考えていましたが、一次試験も決してよくなく、ギリギリで通過していたのだと思います。そして面接官の方は十分に人を見る目があったと思います。ちょうど1年前に落ちたときと同様に、私の態度はあいかわらず、ふてぶてしかったと思います。さらに、面接では「君は2週間で警察を辞めているね。どうしてかな?」「ここの職場でも、嫌なことがあれば、すぐに辞めるんじゃないの?」。ほとんどの試験でこの質問をされました。この質問をされることは、だれだって予想できますよね。私が面接官でも、まずこの質問をしますから。にもかかわらず、当時の私はこの質問に対する答えを用意していなかたったのです。もっと建前でもいいからそれらしいことを言えばよかったのですが、私が頭を振り絞って出した答えが「私には肉体労働は向いていなかったからです。頭脳労働で勝負したいです」「うーん、確かに嫌なことがあれば、それは辞めるかもしれませんね」というものでした。これはひどい。こんなやつ、誰が採用します? こんな部下ほしいですか? そもそも「ここで働きたい!」という熱意が伝わらなかったのです。なぜなら本気で、ここで働きたい!と思っていなかったから。ですから、行政の勉強もしていなかったし、社会問題なども当時はまったく知りませんでした。不合格になるべくしてなったのです。

ひきこもり生活へ

しかし、私は気づきませんでした。両親も「あんたは口下手で、すぐ緊張するからあかんかったんやな」と本気で思ってくれていたみたいです。私も当然自分の落ちた原因は「話すのが下手」だけだと思い込んでおり、「もしかすると、私のように人前で話せなかったり、緊張しすぎて顔が真っ赤になったり、どもってしまったり、こんな人間は社会に居場所がないのでは？」と感じ始め、そうするとだんだん私は動くことができなくなりました。就職活動も完全に放棄してしまい、「ひきこもり」の生活へと突入することになりました。

ひきこもり始めた頃は、友人に誘われて外出することもありましたが、友人はみな社会人になっていました。当然話題も仕事関係が多くなり、もちろんお金の面でも苦しくなったので、だんだんと友人から私は離れていきました。両親も初めの頃は、「やりたいことが見つかるまで、ゆっくり探せばいいやん」という感じでしたが、なかなか私が動き始めないので心配になってきたのでしょう。母親は、よく新聞などに載っている求人広告を持ってきてくれて「ここなんかどう？　あんたに合ってるんとちゃう？」と声をかけてくれましたが「こんな仕事したくない」と毎回断り、父親も「なんかしたい仕事ないか？　どんな仕事したいんや？」と話をしてくれました。父親は自営業で印鑑などのセールスをしていたため、少し顔が広く、私がこんな仕事をしたい！と言えば、私を雇ってくれる会社を探して就職させてあげようと考えてくれていたようです。そんな優しい気持ちに私は気づかずに「そうやなあ。だれとも話をせずに一人でできる仕事がいい」と返事をしていました。なんの才能もない私にそんな仕事があるわけもなく、ずいぶん父親を困らせてしまったと思います。

完全に昼夜逆転した生活になり、ゲームをしているかテレビや映画を見ているか、寝てるか、そんな暮らしになっていきました。ただゲームをしようにも、映画をＤＶＤで見ようとしても、お金が必要です。私の貯金はとっくに底をついていましたので、私には三つ下の弟がいるのですが、弟はすでに働いていました。その弟にお小遣いをもらうようになりました。屈辱的なことではあるのですが、お小遣いをくれる弟の優しさに甘え、その頃はもう自分の服すらなかったので、弟の服を借りて、弟の車を運転しゲームショップに行き、弟にもらった小遣いでゲームを買って、家に帰って一日中遊ぶ、そんな日々でした。

どこで狂ったのか、でもこのままでは終われない

「俺の人生どこで狂ったんやろうか？」そんなことを毎日考えていました。一生懸命勉強して、いい高校に行って、いい大学に行ったら、それで人生は安泰と違ったんか。そう信じて俺はここまでやってきたはずやのに。しっかりと学歴もとったやん。それなのに、どうして俺は今こんなみじめな生活をしてるねん！

私はそれまで、学力の高くない人を見下してきました。小学校や中学校のときからそうです。「お前らと俺は違う。社会に出たら俺がお前らを使う側になるんやぞ！」。そんなことを

考えてました。そんな見下していた同級生たちが、私が引きこもっている間にもどんどん社会に出て働いているのです。情けなくて仕方ありませんでした。

こんなこともありました。近所のコンビニかどこかに行った帰りに小学校時代の同級生と出会いました。「おう、久しぶりやな。俺は今○○で働いているねんけど、△△は何してるん?」。そう聞かれた私はとっさに「俺か、俺は起業しようと思っていて、今はその準備段階やねん」と精一杯の見栄を張りました。もうすでにほとんどなくなっていたプライドが完全にズタズタになってしまいました。それからは、ますます友人や近所の人とも会うのが嫌になって、必要最低限しか外出しなくなりました。

家族以外と会話することもなくなり、その家族ともほとんど会話らしい会話をしなくなりました。両親ともに「就職」の話もしてこなくなりましたし、話題がありません。すると私の話すことへの恐怖感はますます強まってきたのです。弟が時々、買い物に連れて行ってくれました。といっても、お金のない私は弟が買うのを見てるだけでしたが、いつもお小遣いをもらっている私に拒否権はありません。服屋さんにいけば、店員さんが私にも声をかけてくれます。ですが私は、もうほとんど何も答えられなくなっていました。食事をしにいっても、店員さんに注文ができません。弟に「俺、カレーライス」と食べたいものを伝えて、弟に注文してもらっていました。それほど私の状態は悪くなっていたのです。

「俺の人生、もう終わりかな。何もできないし、何の才能もない。まともに話すことさえできない。」この頃、自分の将来のことをよく想像していました。それも1年後という近い未来ではなく、もっと遠い、20年後や30年後です。何回想像してみても、みじめな状態の自分が登場します。それが苦しくて怖くて現実逃避に走り、自堕落な生活にどっぷりとはまっていきました。絶望感でいっぱいに埋め尽くされていましたが、頭か心か、それとも体の細胞のどこかかに、「このままでは終われない。いつか自分で働いて稼いだお金で好きなものを食べて、好きなものを買うんだ！」そんな気持ちが一パーセントほど残っていました。私のこの「欲」がなんとか私を支えてくれていました。

両親の仕事を手伝ううちに

その頃の両親との関係といえば、あいかわらず日常会話をする程度で将来について話をすることはほとんどありませんでした。ただ、両親は私に仕事を与えてくれていました。父は前述のとおり、印鑑のセールスをしていたので「印鑑販売のチラシを作ってほしい」、母は自宅で近所の子どもに勉強を教えていたので、「勉強用のプリントを作ってほしい」と頼まれるようになりました。仕事といっても、毎日何時間もするわけではなく、気の向いたときにちょっとするといった感じでしたが、正直これは嬉しかったです。ゲーム以外のことができる喜び、作成すれば報酬をもらえる喜びなどはもちろんですが、「生きている」という実感を得ることができたことが一番大きな喜びでした。チラシや問題プリントが完成すると、どちらもとても喜んでくれました。「テスト前だから助かるわー。今度英単語もお願いね」「この前作ってくれたチラシ配布してきたよ。そしたら何件か問い合わせがあったで。ありがとう」といつもとても喜んでくれたのです。ひきこもり生活が終わってからわかったことですが、両親ともに必死に考えて私に仕事を作ってくれていたのです。必ずしも必要なものではなかったけれども、何かさせてあげたいという想いから、毎日あれこれ考えて仕事を与えてくれていました。

こうした両親の支えもあり、私はペチャンコにつぶれることもなく、それどころかだんだんと元気になっていきました。「なんとかこの現状を打破したい！」。そんな気持ちが強まっているのが自分でもわかっていましたが、でも何をすればよいのかわからない。そんなとき兄から電話がありました。

兄はすでに結婚して家を出ていたのですが、その兄から「お前オーストラリアに行かへんか？」と言われました。よくよく聞いてみると、兄はオーストラリアに移住したいという夢があり、その夢を実現するには現地で仕事を探さなければならない。でも兄は英語も話せないし、特技があるわけでもない。そこで、兄の奥さん、私の義理の姉が登場します。彼女は看護師の資格を持っており、兄よりも彼女の方がオーストラリアでは仕事が見つかりやすい。だから彼女が英語をマスターして仕事を見つけて、兄がそれにくっついていく、そんな身勝手な計画を立てていたようです。ですが、一人で行かせるのは不安だから、とりあえず行きだけでもついていってくれないか、その後はホームステイ先が決まってるから、お前はその時点で帰ってくればいいよ、そんな内容の依頼でした。普通なら「はあ？　なんでそんなことせなあかんねん。別の人に頼んでくれや！」と断るでしょうが、このときの私は「うん、行くよ」と即決しました。ひきこもっている間、アルバイトに行こうかなと思ったことは何度かありましたが、「行っても面接で落とされるかもしれんしな。採用してもらえても、どうせ俺は仕事ができないから、またクビになるかもしれんし、誰とも話もできず悲しい気持ちになるだけやろうな」となかなか面接に行くことができませんでした。ですが外国に行くというのは、これまで一度も考えたことがなかったので、私にとっては非現実的で、アルバイトの面接に行くよりはオーストラリアに行くことの方がハードルは低いように感じたのです。

「オーストラリアに行こう！」そう思った私は、その費用を稼ぐために約四年ぶりにアルバイトの面接に行きました。もう接客業は嫌だったので、荷物の配送のアルバイトを選びました。面接は久しぶりの他人との会話で、もう自分でも何を言っているのかわからないような状態でしたが、なんとか採用してもらえました。あいかわらずというか、以前にも増して仕事の要領が悪くよく注意はされましたし、人の輪にも入れずいつも一人ぼっちですごしていましたが、「2カ月だけ頑張ろう」と気持ちを奮い立たせてなんとか休まずに働くことができました。2カ月間の給料だけでは十分な旅費にはならなかったのですが、いつもお世話になっている弟（笑）が、足りない分を出してくれました。そして私は義姉と一緒にオーストラリアへ旅立ちました。

現地に着くとすぐに義姉とは別れ一人になりました。そのまま帰ってもよかったのですが、せっかくここまで来たのだから何日かは観光でもしようと決めました。まずは泊まる場所の確保をしようと思ったときに重要なことに気づきました。私はオーストラリアに着いてからのことをまったく決めていなかったので、何も調べていなかったのです。オーストラリアの言語は英語である、というくらいしか知識がなく、英語の辞書も持っていなければ、ガイドブックのようなものも当然ありません。「でも、まあなんとかなるか」と適当にホテルを見つけてフロントへ行ったのですが、まあ困りました。「英語でなんて言えばいいんだろう？」。それなりに学生時代は理系とはいえ、英語の勉強をしてきたつもりでしたが、何一つ文章が出てきません。もう必死で「ハウマッチ、ハウマッチ！」「スリーデイズ、スリーデイズ」など思いついた単語を繰り返してようやく泊まることができました。泊まるところだけでなく、買い物に行っても、レストランに行っても、銀行に行っても、それはそれは苦労しました。ほとんど言葉が通じずに、優しい店員さんなら何度もゆっくり言ってくれたり、筆談に応じてくれたりしましたが、「ろくに英語も話せないんだから帰りな、しっしっ！」というようなこともありました。

コミュニケーションの面ではかなり苦労はしましたが、私はもっとここにいたいと思うようになりました。それは、当たり前かもしれませんが、ここには私のことを知っている人はいません。私のことをひきこもりだと気づく人もいません。そもそも英語が話せないので、私のことを「話すのが下手」だとか「滑舌が悪い」なんて思う人もいません。それが私にとっては、たまらなく心地よく、初めて解放された気持ちになりました。

宿泊費を削り、食費を削り、一日でも長くオーストラリアでの生活を楽しみましたが、いよいよお金も数百円しかないという状態になり、帰国しなければならなくなりました。「いつかもう一度戻って来よう！」そう思い約４カ月間のオーストラリアでの生活を終え、飛行機に乗りました。

関西空港で

帰国して、関西空港に到着したときに、重大なことに気づきました。それは家族にお土産を買っていなかったことです。両親はまだしも、いつもお世話になっている弟には買ってかえらないと（笑）と焦った私は、「ここでいいか」と関空のお土産屋さんに入りました。店員さんが「いらっしゃいませー」と声をかけてくれたとき、とても懐かしい感じがしました。「ああ、言葉が通じるっていいなあ」そんなことを感じた私は、あれほど他人と話せなくなっていたのに、その店員さんと5分ほどだったでしょうか、世間話をしたのです。おそらくこのときに、私の中で何か大きな変化があったと思います。

それからの私は、「何かしたい！」という気持ちがどんどん大きくなりました。だからといって仕事を探していたわけでもありませんが、家にひきこもる時間が少なくなり、高校時代の友人と会ったり、父の仕事場に行ったり、外出の時間が増えました。そんなときに、高校時代の友人から連絡がありました。「俺、次の選挙に出ようと思ってるねん。△△、もし時間があったら2、3日でいいから手伝いに来てくれへん？」。いやいや、ちょっと待ってくれよ。無職の人間のありあまった時間をなめたらあかんで。時間なんて腐るほどあるわ。その日から、ほぼ毎日フルタイムで彼の選挙の手伝いにいきました。選挙の手伝いなんて何をすればいいのかわかりませんでしたが、時間だけはたっぷりあったので、私なりに一生懸命考え、やれることはできたと思います。

手伝いを続けていく中で、彼は非常に喜んでくれ「ああ、こんな俺でも役に立ってるのか」というのと同時に、同じ年齢の彼が、こんなに一生懸命、そして立派に選挙に向けて頑張っている姿をすぐそばで見ていて、「俺もくすぶっている場合じゃない。何か始めよう！」そんな気持ちが溢れかえってきました。

塾を始める。そして…

その思いが頂点に達しようかというとき、父が「お前、塾やってみないか？」と声をかけてくれました。父は個人で印鑑のセールスをしていたのですが、その事務所としてアパートの一室を使っていました。ちょうどその隣の部屋が空いたので、そこで学習塾を開いてみないかということでした。私の返事は迷うことなく「ありがとう。やってみる！」

何から始めればいいのか、右も左もわからない状態でしたが、まずはチラシを作ってポスティングをしました。ポスティングは友人が手伝ってくれ、また塾で使う机やイス、ホワイトボードやソファなど、友人たちがプレゼントしてくれました。開業資金は父がすべて出してくれ、おそらく借金をしてくれたのでしょう、私はたくさんの人のあたたかい気持ちに支えられ、ようやく社会に復帰できたのです。

いざ塾を始めてから、困ったのは保護者の方々との対応の仕方です。ありがたいことに、ポスティングをすると、お問い合わせの電話が何件かありました。反応があるのはたいへん有難いことなのですが、その電話が恐怖でした。「もしもし、〇〇塾ですが」という言葉を出すだけなのに、毎回電話が鳴るたびに冷や汗がでました。もっとお話をお聞きしたいからと、塾にお越しいただき説明をするときなどは、これまでの人生のどの場面よりも緊張しました。「お子さんを預かって勉強を教えるのだから、頼りないと思われたらダメだ。どもってもだめだ。ましてや、元ひきこもりなんて思われたら絶対だめだ！」。そう思うとますます緊張してしまい、当時の私は喫煙者だったのですが、声がガラガラになるほどタバコを吸って落ち着こうとし、実際に対面したら汗が止まらず、まだ四月なのに慌ててエアコンをつけたのを覚えています。

そんな情けないスタートでしたが、ありがたいことに何人かが入塾してくれることになりました。初めての生徒が、月謝を持ってきてくれて、授業が終わってその月謝袋からお金を取り出したとき、思わず大声で「よっしゃー!」と叫んでしまいました。この瞬間の喜び・嬉しさ・ありがたさは何年経っても昨日のことのように思い出されます。

塾をスタートさせてから3年間ほどは、もう無我夢中で、勉強も忘れているところが多かったので、毎日授業前に何時間も予習をし、家に帰ってからも受験勉強並に勉強しました。それでも、働くことができているという喜びが大きく、楽しくて仕方がありませんでした。保護者の方々と話をするのはあいかわらず苦手でしたが、気がつくと生徒たちに冗談を言って笑わせている自分がいました。特に話が上手になったわけでもなく、あいかわらず滑舌は悪いし、どもったりもしました。

ですが大きく変わったのは、それに対する考え方です。それまでは、それを自分の大きな弱点としてとらえていましたが、もしかすると自分が気にしているほど他人は気にしていないのではないか、それほどひどいものではないんじゃないのか。生徒たちは私の説明がよくわかると言ってくれているし、きっとそうなんだ。そう思えるようになった私は、長年悩まされ続けたコンプレックスからようやく解放されたのです。

今でも話すことは苦手ですし、塾の説明を聞きに来られた新規の方と話すときは緊張しますし、うまく話せず、汗がダラダラと流れることもあります。人前で話すときは顔も赤くなりますし、どもったりもします。でも「まあ、それでもいいか。それも俺の個性やな」と今は都合よく考えています。

親子の「ズレ」をどのように埋めていくか

あの「ひきこもっていた」時代に戻りたいとは思いませんが、私の人生においてはひきこもりの時間というのは大きな意味を持っているのです。仕事を始めてからは、楽しいことや嬉しいことが圧倒的に多いですが、もちろんしんどいときや不安なときもあります。ですが、私はいつもこう思うのです。「あのときの、不安や苦しさと比べたら、今はどんなに幸せで恵まれているか」と。そうすると自然に勇気が湧いてきますし、自信を持って前に進むことができます。そしてまた、私の仕事はたくさんの子どもたちと接する仕事です。勉強を教えることというのは、その子一人ひとりと向き合っていくということです。中には、辛い思いや苦しんでいる子もいます。彼らの苦しい気持ちをわかってあげることはできないかもしれないけれども、ひきこもり時代に社会から離れた不安感や、将来へ向けてなんの光も見えず絶望感にあふれていた経験をした私だからこそ、彼らが私と接する中で何かを感じ取ってくれるかもしれないと思っています。

今回、この本を出版するにあたって私に原稿の依頼をしてくださったときに、テーマは「ズレ」ですと伝えられました。ひきこもっていたときの、親や社会との認識のズレ。それをメインに書いてくださいということでした。正直私は困りました。なぜなら、「親のこういった言動によって傷ついた」とか「社会が悪いから俺がこんな目にあってるねん」ということがなかったからです（就職時の面接官に対して人を見る目がないと思ったことは何度もありましたが（笑））

ですから、何を書こうか迷った末に、私は自分の人生を振り返ってみようと思ったのです。そうするとその「ズレ」がどこにあったのかが見えてきました。ズレていたのは、家族や社会ではなく、私の方だったのです。両親は私の幸せのために、必死で働き、私を応援し続けてくれました。私のことで悩み、考え、相談に行き、眠れない日々もあったでしょう。当時はここまでの感謝の気持ちはありませんでしたが、親を恨んだり、親のせいだと思ったことは一度もありませんでした。

そんな私ですから、ひきこもりの集まりなどに参加させていただくと違和感を覚えることがあります。そういった場所では当事者や元当事者の人が親の批判をすることは珍しくありません。確かに親の言動がひどかったかもしれないけれども、本当にそれだけが原因なのか。親だけに責任があるのか。そういった疑問が頭に浮かび、「私に関してはそうではなかった」という発言をすることもあります。

私はひきこもりの人に対して、私と同じように「親に感謝しろよ」と言いたいのではありません。いろんなケースがありますし、親子といえどもズレが生じるのは当たり前ですから。私はたまたま親の言動で傷つかなかっただけですし、社会に復帰してから、そして今でも両親とよくひきこもりの時期について話をします。そうしてようやく当時お互いがどう考えていたか、どんな気持ちでいたかがわかったので、ズレそのものはあったんですよね。ただそのズレをどのような形で埋めていくのか、これが大切だと考えています。

きっと存在する自分の居場所

親といえども、子育てに関してはみんな初心者です。子どもの幸せを願ってという気持ちからの言動であっても、それが逆に子どもを傷つけたりすることはあって当たり前です。いろんな情報を探し、いろんな人の話を聞き、試行錯誤しながら、よかれと思った方法で育てているのです。そこに愛がなければ批判されるべきだと思いますが、たいていの場合そうではありません。だからこそ、子どもがひきこもった家庭のご両親は、必死で助けを求めて動き回り、だれかの講演があると聞けば遠くからでも駆け付け、たくさんの本を読み尽くし、これまでの自分の言動を深く深く反省されているのです。それでも親を責められますか？　それでも親だけが悪いと言えますか？

もし親の言動で傷ついたとするならば、そこにズレがあったとするならば、お互いの歩み寄りは不可欠だと思います。親だけがたくさんの知識を身につけ、いわゆる「ひきこもりの子どもに対してしてはいけないこと・言ってはいけないこと」を実践したとしてもそこに解決はないのではないでしょうか。伝えなければわからないこと・向き合わなければ見えないこと、そんなことだらけです。「家族だから言葉にしなくてもわかるはずだ」なんて幻想にすぎません。「親はわかってくれない」そりゃあそうですよ。伝えていないのですから。「ズレ」ていると感じたのならばそれを伝えなくてはいけないと思います。

社会に対してもそうだと思います。社会に対してズレを感じ、「社会が悪いから」「こんな社会で生きたくない」と思っているのだとしたら、もっと見つけることを頑張ってほしいと思います。すべての人にとって優しい社会なんて理想でしかありませんが、その中でもきっと自分にとって居心地のいい場所があるはずなんです。何に幸せを感じるかなんてきっと人それぞれだと思います。だれもがバリバリ大企業で働き、高い給料をもらうことで幸せを感じるかと言えば決してそうではないと思います。他人がどう思ってもいいんじゃないでしょうか。自分が本当に幸せを感じることができて、自分らしく生きていける場所がきっとあるはずです。

厳しい言い方になるかもしれませんが、親のせい、社会のせいにして、不満ばかり言っている間は前に進むことができないと思っています。ひきこもったきっかけは、両親の言動であったり、社会のしくみであったり、いじわるな人たちからの嫌がらせであったり、だからこそ「ひきこもった」のでしょう。ですが、それに対して文句を言っているだけでは何も生まれません。周りを変えることよりも自分を、自分の考え方を変えていく方がきっと楽なんです。だからこそ、「こんな世の中に生きていたくない」なんて思わずに、きっと存在する自分だけの居場所を見つけることを諦めずにいてほしいと願っています。

ひきこもって精神的にもきついときに、だれかのせいにしたくなる気持ちはよくわかっているつもりです。それがなければ立っていることができずに、つぶれてしまうと感じているかもしれません。ですが、そこは勇気を持って向き合ってほしいのです。おそらくひきこもっている間に何度も何度も自分を見つめ直し、自分のことはだれよりもよくわかっているはずです。そして光が見えて一歩でも、いや数センチでも進みだしたときには、ご両親は目いっぱい喜んであげてください。そして最大級の力と想いで彼らを支え、守ってあげてください。

ひきこもり対策にマニュアルは存在しない

私も今でもズレを感じることはあります。社会の主流から私はやはりズレているのでしょう。でもだからこそ、ズレていないものを見つけたり、ズレていない人と出会ったりすることが、なによりも楽しく幸せを感じることができるのではないでしょうか。そしてまた家族や大切な人たちとの「認識のズレ」を修正していくことこそが人間の成長にとって一番大切なことのような気がします。

私が主流からズレて、ひきこもりを経験したことで、わかったことや気づいたことはたくさんあります。それらすべてが今の私にとっては欠かせない宝物をなっているのです。「ズレていること」をネガティブにとらえる必要などなく、自分らしく生きていることを実感できたときの喜びやありがたさをぜひ経験してもらいたいと思っています。ひきこもった原因や環境など人それぞれでしょうから、絶対にこうするべきだというマニュアルは存在しないと考えています。

ただ、私のこの稚拙な文章を読んでいただき、何か一つでも心に届くものがありましたら、とても嬉しく幸せに思います。

コラム2

仕事づくりのマッチングを願い

藤田　敦夫　健康・住まい工房おおさか代表

この1年、HHPの皆さんと一緒に企業として何が出来るかを模索してきました。「社会的ひきこもり」という言葉を知って何年も経過してきましたが、当事者の方々との触れ合いが無ければその本質を理解することができない。言葉だけで自分の中での思い込みとは全く違うこと、一人ひとり多様な生き方のなかで現状があること、そこに何か光を当てることができないか、当事者間との交流の中で企業側の摸索を進めていきたい。

建築の仕事をやっていく中で、「健康」「省エネ」「環境」問題に取り組むようになってきたが、一部の素材を活用しての仕事づくりは、一定の研修と経験で対応可能なものもあります。これらの素材活用は、省エネで環境にもやさしく、施工する側、施工される側、さらに地球環境にやさしい「三方良し」の仕事づくりにつながると思っています。ひきこもりの皆さん方の社会参加と仕事づくりのマッチングの追究が出来ることを願いながら互いの交流を！

私のひきこもり体験　6

ふざけるも必要かと

裏庭の犬

実は、この文章を書く前に自分自身の経験を記述してみたのだが、どうにもおもしろくなくてこうなってしまった。これも多様性ということで、ご容赦ください。

――まず初めに君の子どもの頃を簡潔に聞きたいのだけれど。

生まれは昭和60年1月。家族は母1人子1人。父親は6歳ぐらいで離婚。その後何度か会ったけどそのうち消えた。小学生の頃は真面目。良くも悪くも大人から好かれる子だったかなと。先生の言うことはよく聞いて、でも子どもとしては融通が利かないという感じかなぁと。家族構成がこうだから、周囲からは「お母さんを助け」るようによく言われていました。それが染みついていたのか、そういう思いはどこかにあって…今でも無理をしていたとは思っていないんです。ただ……どう言えばいいかな。縛りがあったような気はしています。

――その縛りというのは。

オセロをしても、〝自分の色で相手の色を挟めば自分の色にひっくり返す〟という確認なんかしませんよね。確認しなくても必ず守っている。守らないと成立しない。

――つまり君が生きているうえで、意識することはないが必ずルールとしてあったと。

なんとなく、今はそんな気がしています。当時の自分に聞いたらどう答えるかは知りませんけど。

――それじゃこうして聞く意味が無い。今、ひきこもりについての一つの答えを求めているのだから。

それは無理です。もう成長してしまったわけですから。当時のことを間違いなく伝えることなんかできるわけないですよ。これはあくまで個人の意見ってやつです。当時は今みたいに整理して話せはしないから、どっちにしても正解は出せません。

――なるほど。小学生の時は学校に行っていたようだけれど、中学生ではどうだった。

制服嫌でしたね。ほぼ年中半袖だったんで。あと周囲の環境というか、一部の人が急に競争し始めた感じがすごく違和感ありました。

――それは成績のことを言っているのかな。でもそれを競うのは大事なことじゃないの。

そうですね、小学校でも当然成績はあったんですけど、何て言うか、個人のものじゃないですか。それが他人との上下を競い合うもの、というか優劣を判断するものっていう変化。大事でしょうけど、自分が伸びるのと相手を落とすのは全く違うってことで。

——そのころ他にはどんなことが。

部活でギターを。今でも続けていますけど、まさかここまで長い付き合いになるとは思ってもみませんでした。勉強は学校行ってる間はそれなりにできていたと思いますが、よく覚えていないです。そうこうするうちに、1年の3学期から休み始めました。行ったり行かなかったり。

——不登校を始めた。いわゆる五月雨登校だけれど、なぜ行かなかったの。

きっかけは覚えてて、風邪ひいたんですよ。仮病ではなく（笑）。そっから何故か行けなくて。具体的な理由は今も不明ですね。

——理由が分からない。イジメとかではないということ。

当時は〝登校拒否〟と言われていたと思いますが、ともかく具体的な理由は不明です。あの、部屋の電気消してください。

——ああ、構わないけど。

電気消したきっかけはスイッチの操作。でも消えた理由、配線とか電気の流れとかは分か

らないんですよ。分からなくても部屋の灯りは消える。あ、点けてください（笑）

――では理由はいいとして、なぜ五月雨状態だったのかな。特定の授業や先生が嫌だとか。

親が許してくれないからですよ。行っても行かなくても、どっちにしたって苦しかったですね。ただ、行けばどうにかなる。一日元気に過ごして、でもどっと疲れる。当時はまだ土曜日が午前授業だったから、その日は確実に学校行ってました。親は休みだったので。

――お母さんはどう思っていたのか分かるかな。

私以上に混乱していたというか、全部私より先に、私以上にやってくれました。混乱、怒り、悲しみ。「何故」と聞かれたことは数えきれませんし、「行け」とぶたれたこともあります。酔って泣きわめいてるのを、私が宥めたこともありました。

――その姿を見ていながら、君は何も感じなかったの。思うところがあれば学校に行くこともできたろう。

その姿を見た以上、「しんどい」って吐き出せる余地がどこにもないんですよ。泣きわめく人に「助けて」って頼めるわけないでしょう。吐き出すどころか、その親の苦しみをも呑み込まなきゃいけない。だって自分のせいで母がこうなっていると分かるから。

――その言い方は残酷すぎるように感じるが。君は休んでいたんだから、苦しみ云々は甘えじゃないか。

休んでいたのは学校に行けないことの結果なんです。行かなければならないと知っているのに、なぜか分からないけど行けない。家にいるのが楽なわけではないんです。

——なら、休んだことで考える時間は十分にあったはずじゃないか。登校するための方法というか、何か答えも出るだろう。

原因があるならそうかもしれませんけど、原因不明を突き詰めていっても「分からない」の繰り返しなんですよ。戦争はなぜ無くならないのかと、個人で考えるのと一緒です。考えることは必要ですけど、答えは出ない。実際に解決する手段となると尚のことです。

——飛躍している気もするが……不登校をしていて変化したことは。自分のこと、周囲のこと。

体力、落ちましたね。少食になっていたので。食えないんです。体動かさないし、多分精神的な面もあって。ただ、体力は取り戻せます。今もお金ないから人より歩いているんで、そういう意味で体力面は問題なしです。あとは当然ですけど成績落ちました。あと友人減りました。

——どちらもとても大事な問題だね。将来のすべてに関わってくる。

いえ、別に。成績は現在に関わるのですが、特に要求されたことはありません。それに、仕事ができるできないと、学歴は無関係です。友人についてはゼロになったわけではありません。部活の仲間は今でも会う奴いますし。不登校になってから友人に避けられて、からかわれることもありました。親が思うほど友人が重要だとは思えないんです。

——学歴についてはそういう職場なのかもしれないけど…友人は必要ないと。

必要だと思いますが、学校の友人が一生の友人だと思い込まなくていいと。環境が変わってからの友人も、学校行かないから出会えた友人もいます。

——しかし不登校の時に悩みを聞いてくれるような友人は必要だっただろう。そういうことで楽になれる部分も大いにあると思うが。

友人っていつでも悩みを打ち明けられて、手を差し伸べてくれる都合のいいもんなのでしょうか。しかもそれが中学生。私は友人に対してそうなれる自信ってないです。ちょっとズレますけど「自分の話を聞いてくれる友人が欲しい」ってたまに聞きます。でも〝自分は話ができるのか〟が重要ですよね。知らない人に自分の話をして友人になるって、並大抵じゃないですよ。

——では成績に関連して、成績が下がったということだけど、家で勉強はしていたのか、それと進路はどうしたのか。

五月雨だったので、全く勉強をしていないわけではないです。家ではしていませんが。学校に行けない日は、学校を思い出すようなものは遠ざけたかった。授業も歯抜けだったので、基本の用語とかが分かっていないとどうしようもないです。円周率のパイとか。テストで出てきて「何それ？」って。

——そういうテストの結果を見てどう思っていた。悔しいとか、がんばろうとかはなかったかな。

習ってないから当然だと。知らないものは知らない。開き直りじゃなくて、自分の行動の結果だと思っていました。

——では進路については。

一択でした（笑）。三者面談で母が「〇〇高校以下は許さない」と。先生は「今言った〇〇高校がどれだけ頑張っても限界です」と。これで決まりました。

——君はそれでよかったのか。

私自身は志望校なんて無かったので。進学そのものを無理だと思っていました。合格しても行ける気がしなかったんで。

――定時制や通信制を考えたことは。

知りもしませんでした。母は〝普通〟の学校を考えていましたし、先生から提示されなかったので。

――それで将来が決まっていくことに、何も感じなかったのかい。

希望できるなら、「進学しない」でした。言った瞬間責められるのは目に見えてます。

――それはそうだろう。進学しないなんて、それこそ一般にはない選択肢だと思うけど。

試験の結果は。

受かりました。それはそれで嬉しくもありますけど…でも追い詰められた感じもありました。そういえば当時、学校に合否の結果を伝える電話を掛けようとしたら母が「電話なんか帰ってからでいいから喫茶店へ」行くと。嬉しかったんでしょうね。結局家帰ってから連絡したら私がダントツで最後だったみたいで…怒られました（笑）。そりゃそうですね、不登校＋成績ギリギリの受験＋いつまでも連絡無い。最悪の予感しかしませんよ。

――では高校のことを聞いていこうか。新しい環境はどうだった。

行きましたよ1カ月ほどは。その後はまた五月雨。

――それは中学生の時と同じかな。

不明です。ちゃんと理解できていないことなので、比較のしようがないんですよ。自分の中の慣れはありましたけど。中学・高校と変わらないのは、先生が疲れているっていう印象。大人も疲れる環境で、笑って元気にしているって変だなと。行った学校に恨みはないですけど、システムとしての学校には疑問を持っていました。

——えらそうに（笑）。その後は。

友人もできましたが、相変わらず五月雨。2年の2学期からはほぼ行かず、2月末に中退しました。

——3学期も終わりに近い頃、どうしてまたそんなタイミングに。

出席足らずで留年は決まってたんで。先生から電話があって「どうする？そろそろ決めろよ」と。「じゃ、辞めます」で中退。

——ずいぶん軽く決めたように思えるけど、実際にはもっと考えたんじゃないのかな。

いえ、どうせ行けないと知ってたので。実は辞めてからの方が高校行ってたんですよ。カウンセリングルームにギター持って遊びに。相談とか全然しない。その時に親の会とつないでくれた先生に会いました。

——その親の会というのは君が行っていい場所なの。

前座でギター弾かないかと誘われ、ヒマだったこともあってやろうかなと。それ以降もほぼ毎回前座で弾かせてもらってました。名前通り保護者中心の集まりでしたけど、話を聞いて、私自身も話して、いろいろな面で成長させてもらった感があります。今もずっと行ってますけど、最初の頃は生意気なことも言ったなぁと思います。あ、今でもか。

——成長というのは、君の悩みを解決してもらったからだろうか。それならカウンセリングとどう違う。

どちらかというと、他のお母さんのお話を聞くことで、自分の親もこう思っているのかもしれない、こう行動したのかもしれないと受けとめ、自分のことを話すことで、考えを整理することができたと思います。直接悩みを聞いてもらうとかではないですね。カウンセリングはどういうものか知らないのでコメントしようがないです。これもおこがましい言い方になるんですけど、親、当事者の立場をこえて、お互いに楽しく生きるための方法を模索しているというか、同僚っていう感じもします。

——それほどいい影響があるというのなら、ひきこもりの人は、みんな来てもらって会話をすればいいということにならないだろうか。

無理です（笑）。はっきり言って私は特殊例だと思います。多分、大体の人にとっては居心地が悪いというか、苦しかったり、いたたまれなかったりするかと。

――そういう人は実際にいたのかな。

いましたよ。来たけど帰る人、二度と来ない人。参加し続けるのは少数ですし、どちらかというと自分のことは整理がついたから、人のために参加しているという印象です。

――君自身が参加していて苦しいと思ったことは。

無い！と言い切った方がいいんでしょうけど、あります。これは今でも。

――それなら聞くけれど、君はどうして参加し続けているんだ。もう自分のことは済んでいるだろう。今の君にはもう必要がないようにも思えるのだが。

いや、ホントにそうです。なんで参加してるのか自分でもよく分からないんですよ。別に行かなくてもいいですから。

――分からないって…保護者の支えになるためとかではないのかい。自分の経験を伝え、同じような子どもを助けるとか。

結果としてそうなったら嬉しいですけど、求めてはいないです。だいたい、不登校・ひきこもりって、〝状態〟の名前で〝症状〟の名前じゃないですから。みんな違う状況で日々生きてると思うんですよ。

——つまり、君の経験談だけで判断はできない。いやむしろ誤解を生む可能性さえあるんじゃないか。保護者の方にとっては間違った情報になりかねない。

だからこそちゃんと話す方がいいと考えています。

——自分のことを全部話すということ。

「知らない」、「わからない」と答えること。それと個人の経験だと伝えること。自分のことは、嘘はつかないけど隠しはします。

——隠すことは、「ちゃんと話す」にならないのでは。

話す相手・話す場・そこにいない子ども。それらに不利益しかない場合は黙ります。

——包み隠さず伝えても、傷つけるだけなら意味がないということか。

傷つけることは、します。気づいてもらうため。そうしないと子どもが苦しむだけなら、最終手段ですけど。

——……それは、意図的に傷つけるということだよね。

……はい。だから苦しいんですよ。この点については、これ以上は伏せます。

——伏せる理由は教えてもらえるかな。

傷つける覚悟というか、想いというか、そういうものを他者に伝えたくないからです。それを聞いて、理由があれば傷つけていいと思われるのは困ります。

——では質問を変えよう。親の会に君が参加することで会にとってなにか利点はあるのか。経験者としての意見を聞けること。あくまで〝個人の〟です。それと親という立場以外から、親と子を認めてあげられるかな。

——認めてあげるというのは、「あなたたちは親子です」という意味ではないよね。

社会と繋がりがない、ずっと家にいる。そういう状態の時って、私は自分が〝何かを間違えた〟と思っていたんです。母はきっと「子育て失敗した」と思っていた。

——それを認めるというのは、間違っていない、正解だということかな。

正解が何かは知りません。〝失敗ではない〟という意味で認めます。何でも認めるという意味じゃないですよ。ただ、子どもが不登校・ひきこもり＝子育て失敗と思い込んでいる人がいらっしゃるんで。

——しかし認めない部分もあるということは、子育ての間違った方法というのもあるわけだよね。

一つひとつの行動はそういうこともあると思います。直して欲しい部分は。

——それでも間違っていない。

〝子育て間違えた〟って、言い換えれば〝我が子は失敗作〟です。私は失敗作呼ばわりされたくないので。

――子どもが失敗作でない以上、子育ての失敗もまた無いと。子育てというのは親御さんの立場が行うことだね。でもそれを育てられる側から判断する。

そう、なりますかね。あと、子育てのやり方で100％子どもができ上がるわけもないので。全く同じ育て方をしても、子どもの受け止め方はさまざまですよね。育て方間違ったと言うなら、育てられ方間違ったという言い方もしたい。

――それはいいね。君は子育てをあくまで対等だと考えているわけだ。

そうなれたらいいなと。

――ここまで不登校・ひきこもりに関することを聞いてきたけど、次は社会的な立場。つまり仕事のことを教えてもらいたい。最初に収入を得たのはいつぐらい。

えーっと、19ぐらいだったかな。ちょっと覚えてないですけど。短期のアルバイトで。

――世間的には遅いほうだよね。

母親の意見で、学生はバイトなんかしなくていいと。どうしてもお金に困ってる子だけがやるものだと。そう言われていたので、「やっちゃいけない」と思っていました。

――君は母親を神様だと思っていないかい。

いえ。…どっちかというと、上司です。ゴルフや飲み会の誘い、断りにくいでしょう。

――そこはなんとも言えないな。なるほど、そういう感覚なんだね。では、その時のバイトはどんなことを。

コピー取り2週間。2～3月の確定申告に関連したバイトで、1日6時間ずっとコピーです。それをきっかけに短期のバイトで声がかかるようになりました。

――短期ということは継続してずっとではない。

最長で半年ですね。コピー取り以外でいろいろと10年ほど。当時の自分だと長期のバイトは途中でへばってたと思うので、結果ペースが合っていました。

――10年ほどということは、そのバイトはもう終わっているわけだ。

いろいろと制度が変わったので、多分このアルバイト自体がもうないと思います。次は、紹介もあって中学校の事務のバイトを。

――学校？　それは君の希望なのかい。

まったく。正直、一番しんどかった時期が中学生でしたから、〝できるのか？〟と不安でした。悩みましたよ。

——でも、やった。誰かに相談したとか、何か後押しがあったとか。相談はしてないですけど、同じような不登校経験者で、教員になった人が周囲にいたので、やってもいいかなと。

——そうか、そういう人もいるのか。それで、やってみてどうだった。

やったらやったで楽しいこともありました。キツイことも多かったですけど。べつに生徒がどうとかってことではなく。

——先生はどうだった？　君が学生だったころと比べて。

何とも言い難いですけど、どっちの立場で見ても先生しんどそうだなぁと。

——それはバイトの時に具体的に何かあったのかな。

私が不登校だったことは、初めから伝えていたんですけど、こっそり相談に来る先生もいて。「クラスの生徒で来ない子が」とか。でも不登校に限らないんですね。「田舎に帰りたい」とか、「部活どうしたらいいのかわからない」とか。

——それは、答えられることなの？　人生相談のようにも思えるけれど。

答えるというか、聞いてました。でも「先生だって疲れていい」とは言ってましたね。

——先生は疲れてはいけないというのは、空気としてあるのかな。

あると思います。疲れていても隠す。それを吐き出す場所がない。みんな疲れているから当然だという空気。それに残業が多いのも事実です。あ、残業は私もしていましたけど。

――吐き出す場所がないというのは、同僚にも話せないということだろうか。

職員室でどうしているかは知りませんが、偶然私と2人になると「しんどい」とこぼす先生は何人かいらっしゃいました。

――君自身は、そういう話をされることにしんどいと思わなかったのか。

あれ？　えーと、考えたことなかった（笑）。仕事のしんどさはありましたけど、そういう方面は…特に。むしろ仕事に必死だったのかもしれないです。

――必死だから、精神的なしんどさを感じる余裕は無かったと。

感じていたかもしれないですけど、覚えていないです。

――残業のことを言っていたけど、君自身はどれぐらい残業を。

2時間ぐらいを週3日かな。といっても勤務時間の記録がないので、大体ですけど。

――時間の記録がない？　手当はどうなっていたの。

無いです、日給なので。最低賃金で、交通費は足が出てました。このバイトの最終日も5時間近く残っていたので、正規の事務員以外、挨拶もできませんでした。校舎に誰もいない

（笑）。

——だんだん聞くのが恐ろしくなってきたが…ブラックじゃないのか、それは。

部活のブラックさに比べればどうということはないかと。あ、あと給食不味かった。

——それは…いや、もう聞かないほうがいいな。変えよう。そのバイトの中でよかったことは。

学校事務はあくまで裏方。先生を楽にすることで子どもを助けるのが仕事だと思っていたので、結構いろいろやりました。印刷室や倉庫の改造。用務員さんと各所修繕。新しく入った勤怠システムの分かり易いマニュアル作り。先生たちが困っていることに答えるという意味では、通常の仕事以外でも相当頑張りましたよ。

——それは先生たちにとって良かったことかもしれないけれど、君にとってはどうだった。

いいえ、仕事の中で〝やるべきだ〟と思ったことをやってもいい。贅沢できない状況でもやりようはある。そういったことが分かったので、いい経験になりました。

——なるほど、それが君にとって良かったことか。ある意味では、そういう行動を許してくれる良い職場だったんだね。

あと、こちらが努力しようが何も気づかない人は気づかない。伝わらない人は伝わらないということも学べました。学歴ある先生でも締切り守れないとか。私よりものを知らないとか。いやぁ、いい経験ですね。

——わざわざオチをつける必要は無いだろう。それで、今はなにを。

生涯学習センターでバイトしてます。これもいつまで続くのか不明ですが（笑）

——役所関係、学校ときて、生涯学習。関係しそうで、していないような。

ここで不登校・ひきこもりの講座がありまして、一参加者だったんですよ。

——そもそも参加のきっかけは。

親の会の方が、ここと関わりをもち、「こういう講座があるから顔出してみないか」と誘われたのがスタートです。講座が始まって2年目だったかな、模索していた頃だと思います。

——それがバイトに繋がっていったのはどういう理由で。

学校のバイトが終わってから、しばらくして就活したんですが、笑い話にしかならなくて。求人募集の張り紙があったので応募したんですが、面接の1週間後に電話があって、要約すると『1カ月前に新人が入ったにもかかわらず求人の張り紙を剥がし忘れていたから無理』ということでした。それを講座の中で話したら、担当の方が「ちょうどバイト探してるから来てほしい」と。

――結果としては、運がよかったわけだ。しかしあまりにも雑な話だけど、ショックはなかったのかな。

一応の社会経験はありましたから、そんなこともあるだろうなと。ひどい話だとも思いますけど。とりあえず履歴書作るのもタダじゃないんだぞ。

――それはそうだね。履歴書は返ってきた。

いいえ、次の生涯学習センターの人にも、「返してもらってウチに出したら」と言われましたけど、志望理由に「家からも近い」とか書いてたんですよ。センターまで通勤1時間半。

――全然近くない。生涯学習センターの仕事というのは、どんなものなのかな。

バイトなので、講座の申込受付、データ入力、チラシの印刷、講座のための準備。その他雑用。一番多いのは電話や受付の応対です。

――それはコミュニケーション能力を要求されそうだね。一般的なイメージだと、ひきこもりはコミュニケーションが苦手なイメージもあるけど。

苦手意識があったのは事実です。周囲からはコミュニケーション能力が高いと言っていただくこともありますが、今も別に好きじゃないです。

――好きじゃないにも関わらず、やれるものなのだろうか。

これはずっと思っているんですけど、仕事って〝好き〟だけでやることじゃないですよ。仕事だから好き嫌い関係なくやるしかないんですよ。

――それはそうだろうけど、好きなことを仕事にする人もいるよね。

それができる人はそうしていいですよ。選んでいい。でも好きな仕事が、好きなことだけできるとは限らない。むしろ好きを仕事にすると、現実のギャップで「こんなはずじゃなかった」ってなりやすいんじゃないかと。

――どんな仕事でも〝嫌なこと〟はあると。

多分。私自身そうだったんですけど、「やりたいことを探せ」「好きなことを仕事に」って言われすぎてて、そうじゃないことをなかなか認められない。

――それほど言われているのだろうか

勝ち組、負け組という言葉が普通に使われている。人生の勝ち負けってなんですかね？仕事と別に、やりたいことをやっている人もいれば、仕事でやりたいことをやっている人もいる。やりたくないことでも必死に耐えている人もいる。

――優劣はつけられるものではないね。自分がどう感じているかが問題かな。どう感じていようと、勝ち負けではないと思っています。

――では、何。

それが言葉にできれば苦労しませんよ。

――これから、どうしたい。

唐突ですね。これから……バカげた目標は世界平和。あとはそれなりに必死こいて生きていたい。

――漠然としているけど、具体的にはないのか。

目標立てるほどの余裕はないです。人からは余裕そうに見えるみたいで、いろいろ頼まれるんですよ。〝原稿〟とか。

――あてつけだなぁ。

自分がなんなのかとか、今もわからないし、どーでもよくなってて。今は自分どころじゃない。

――それは「自分はちっぽけ」という意味ではないよね。

ちっぽけでも何でもいいんですけど、自分の言葉や行動が人に影響できるってすごいなと。小さな影響かもしれないけど、しんどい思いをしている人に寄りそえる。

――それは大事なことだね。

だと思います。それを繰り返せば、ちょっとぐらいは平和になる、と、思う。というか思いたい。

——君自身は、それで楽になるというか、そういう背負い方をして苦しくはないのか。

知らん！（笑）

30年以上生きたものを、まとめるって、むずかしいんですよ。それも成功者の話じゃないし。なにより、私はまだ途中ですから。

私のひきこもり体験　7

100円で人生が変わったちょっといい話。

見那ミノルってどんな奴

関西在住の絵描きです。現在主に**BL作家として活動中。**
個人同人サークル**「イツキ調査団」**でダウンロード同人誌販売を生業としてます。**腐女子**です。

◎Twitter:見那ミノル@toperse1114
◎gmail:minoru.mina.1114@gmail.com
◎インスタグラム、pixivも見那ミノルの名前でやってます★

◎オリジナルキャラクター、
昭和の歌姫ドロ子も宜しく♥

ウチの歯車が狂いだしたのは
小学校5年の時
自覚はないのだが親曰く…
笑わなくなった
そのまま中学校に入学
本格的に暗黒時代が始まるのである
基本真面目な性格な上
クラスに小学校時代の
仲良しがいなかった
遊ぶ予定も無いし
帰って予習復習だな
そんな日々を
繰り返した結果
英語 98
数学 90
初の中間テストで
全教科高得点を
叩き出した
担任
そこで言われたこの言葉
見那さんは私たちの
希望の星ですからね
中学の3年間
この呪いの言葉がずっと
ウチを苦しめ続けることとなる…

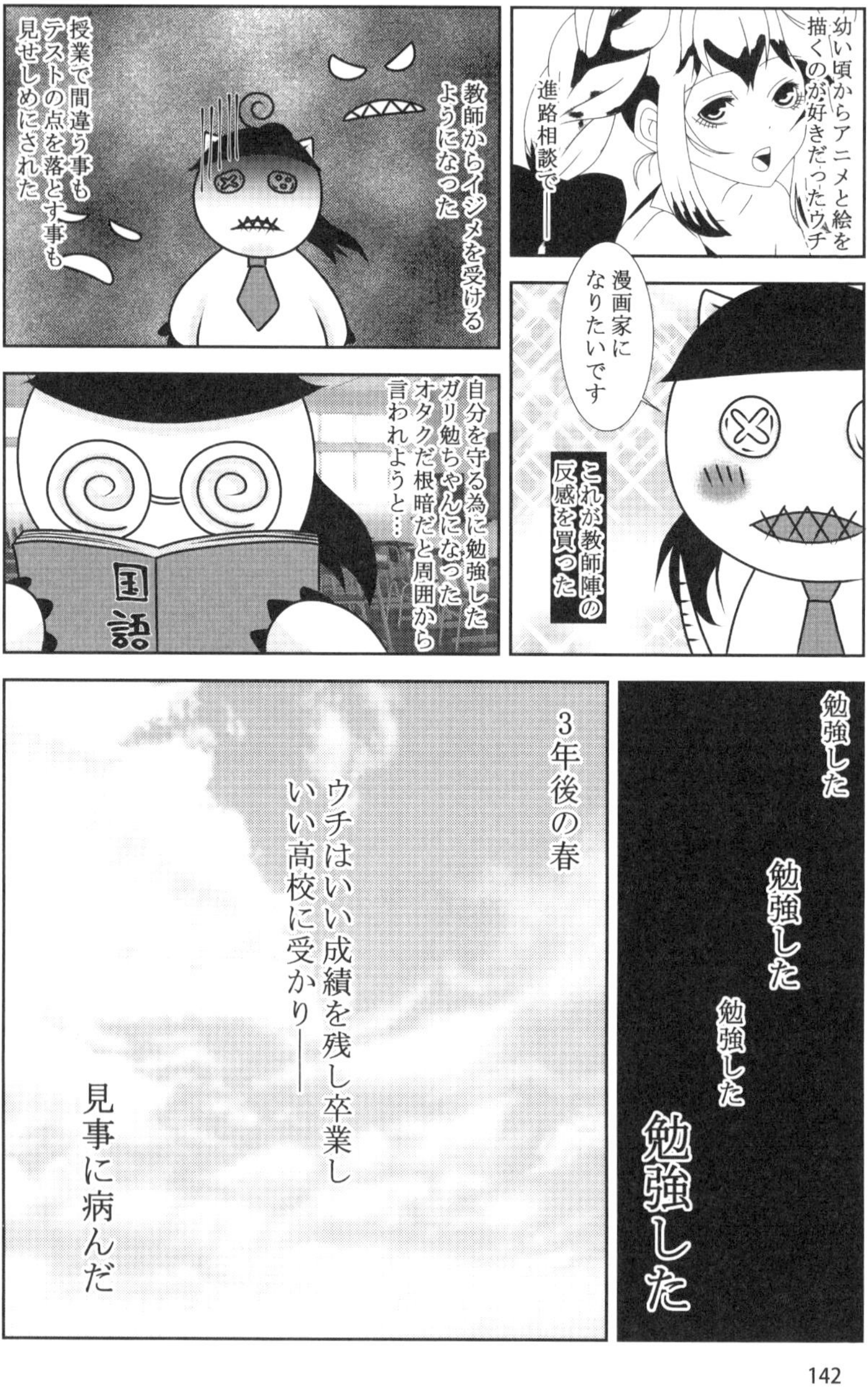
幼い頃からアニメと絵を描くのが好きだったウチ
進路相談で――
漫画家になりたいです
これが教師陣の反感を買った
教師からイジメを受けるようになった
授業で間違う事もテストの点を落とす事も見せしめにされた
自分を守る為に勉強したガリ勉ちゃんになったオタクだ根暗だと周囲から言われようと…
国語
勉強した
勉強した
勉強した
勉強した
3年後の春
ウチはいい成績を残し卒業しいい高校に受かり――
見事に病んだ

美術室
高校も美術部に入った
絵には自信があった
……が
その自信は部活初日にことごとく粉砕される
体おかしいだろ デッサンなってない
散々ダメ出しを喰らい
ばん
ばん
表情死んでる!
ガーン
下手くそな漫画家ばかり見てるからこうなる!!
最後には価値観まで否定された…
その日からクロッキー百人斬りを日課にした
あの顧問を見返してやる
だが顧問の言う事は正しかった
迎えた1年の文化祭――
見那ミノル
ウチの作品は部員の誰よりも見劣りしていた――…

月日は流れ
3回目の文化祭が来ようとしていた
それ見那が描いたんか？
はい
ほぉー！
印刷物かと思ったわ!!
顧問はそれだけ言ってどっかに行った
……
認めてもらえた――
12年の学校生活で初めてだった
その日は心踊らせて家路についた

高校卒業後、漫画の専門学校へ
通い出した
楽しい日々が始まる—はずだった
入学して3ヶ月もしない頃、隣の席の子が漫画賞を取った
銀賞受賞!!
「おめでとう」と言ったが心は焦りと嫉妬で満ち満ちていた
クラスにはウチより絵の上手い人がザラにいた
そして…
クラスメイトの作品
ウチの作品
負けじとウチも夏休みに初めて漫画を投稿した
デビューとかしたらどうしよ♪
しかし結果は悲惨なものだった
全てにおいて低評価な上
コメント欄には何も書かれていなかった
ショックから心身のバランスを崩し
学校を休みがちになった
コメント欄
一年間休学し
3年をかけて
専門学校を卒業
この闘病期間ウチのリストカットが始まった
事あるごとに
切りまくり
23歳の秋、ついに…
家族に心配を大いに掛けたウチはリストカットし過ぎ罪で
精神病院の独房へ
入る事となる—
出して〜〜

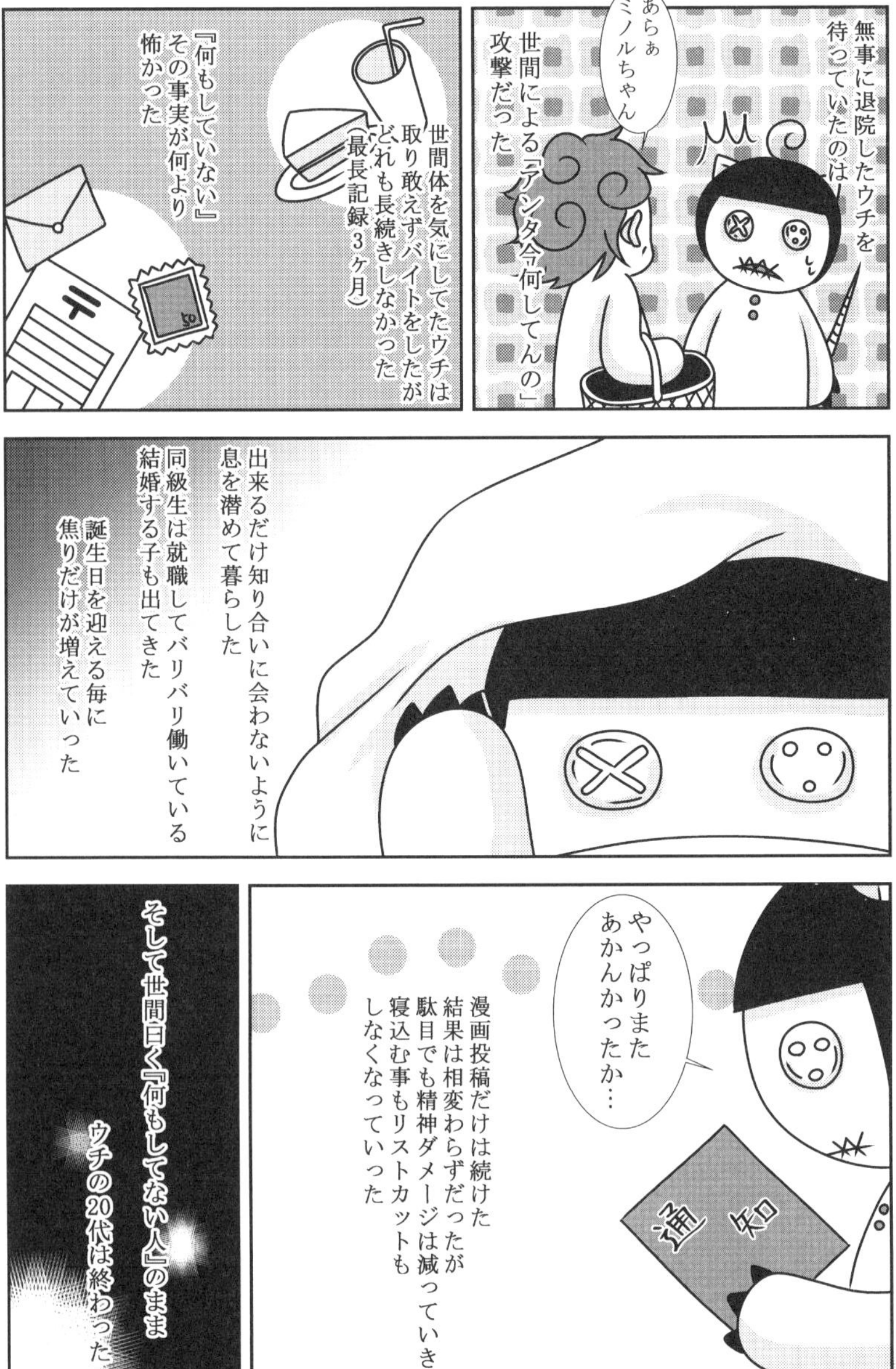
無事に退院したウチを待っていたのは
あらぁミノルちゃん
世間による「アンタ今何してんの」攻撃だった
世間体を気にしてたウチは取り敢えずバイトをしたがどれも長続きしなかった（最長記録3ヶ月）
『何もしていない』その事実が何より怖かった
出来るだけ知り合いに会わないように息を潜めて暮らした
同級生は就職してバリバリ働いている結婚する子も出てきた
誕生日を迎える毎に焦りだけが増えていった
やっぱりまたあかんかったか…
漫画投稿だけは続けた結果は相変わらずだったが駄目でも精神ダメージは減っていき寝込む事もリストカットもしなくなっていった
通知
そして世間曰く『何もしてない人』のまま
ウチの20代は終わった

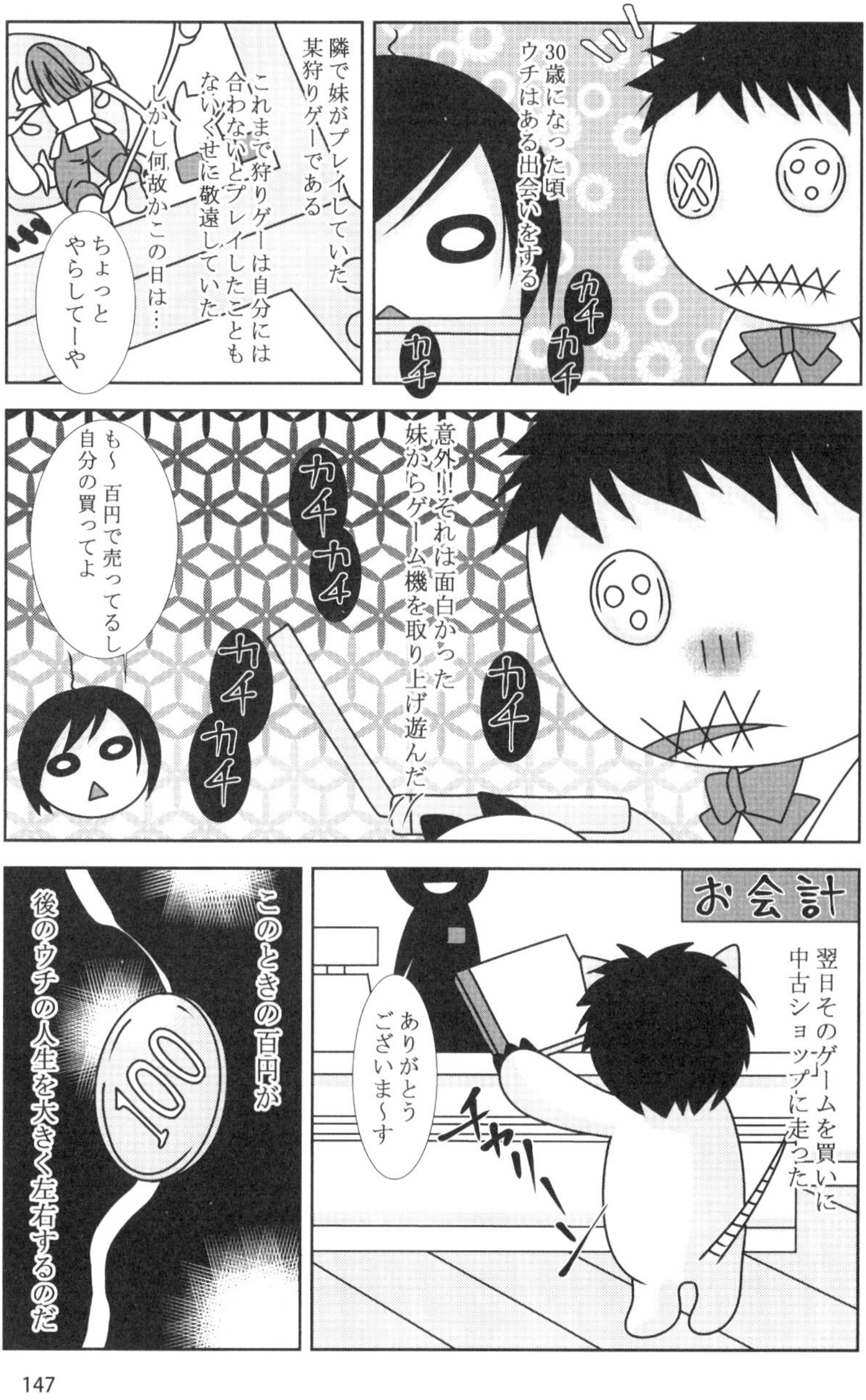
30歳になった頃
ウチはある出会いをする
カチ
カチ
カチ
隣で妹がプレイしていた
某狩りゲーである
これまで狩りゲーは自分には
合わないとプレイしたことも
ないくせに敬遠していた
しかし何故かこの日は…
ちょっと
やらしてーや
意外!!それは面白かった
妹からゲーム機を取り上げ遊んだ
カチ
カチカチ
カチカチ
も～ 百円で売ってるし
自分の買ってよ
お会計
翌日そのゲームを買いに
中古ショップに走った
ありがとう
ございま～す
チャリーン
このときの百円が
後のウチの人生を大きく左右するのだ
100

とにかくウチはそのゲームに
ハマった
絵は描きつつも
ゲームに没頭する時間が
1日の大半を占めた
これまで使った事の無い
脳をガンガン使った
それがまた楽しかったし
頭をフル活用した後の
疲労感は悪くなかった
♫
何より悩み考えた末の
クエストをクリアした時の
達成感はひとしきりだった
狩り友さん
O氏
妹
Kさん
友人と集まって初マルチ
プレイというものも経験し
積極的に面識の無いプレイヤー
ともゲームを楽しむ事で
学ぶことも増えた
見知らぬプレイヤー
このゲームを始めたのをきっかけに
ウチの興味は多方面に向いた
視野が広くなった事で世界が広がった
未プレイジャンルのゲーム
一生する事はないと思っていたカードゲーム

それはウチの描く絵にも
大きな影響を及ぼした
絵幅が広がり
今まで描いて来なかったタッチにも
積極的に挑戦した
この歳になり再度勉強することを
強いられたがそのエネルギーも
以前では考えられないが備わっていた
ゲームに費やした千何百という時間は
絵を描く力に還元されたのだ
自分に少しずつ
自信が持てるようになった
同人誌即売会やアートフリマにも
参加し僅かではあるが自分の作品を
買ってもらえる喜びを知った
そんな場で「うちの亡くなった飼い犬の
似顔絵を描いて下さい」と人生初の
イラストのお仕事を頂いた
同時に『ウチはどんな形であれ
絵を描いて生きていく
贅沢な生活ができなくても
作品を作り続ける』
そんな覚悟が決まった
覚悟

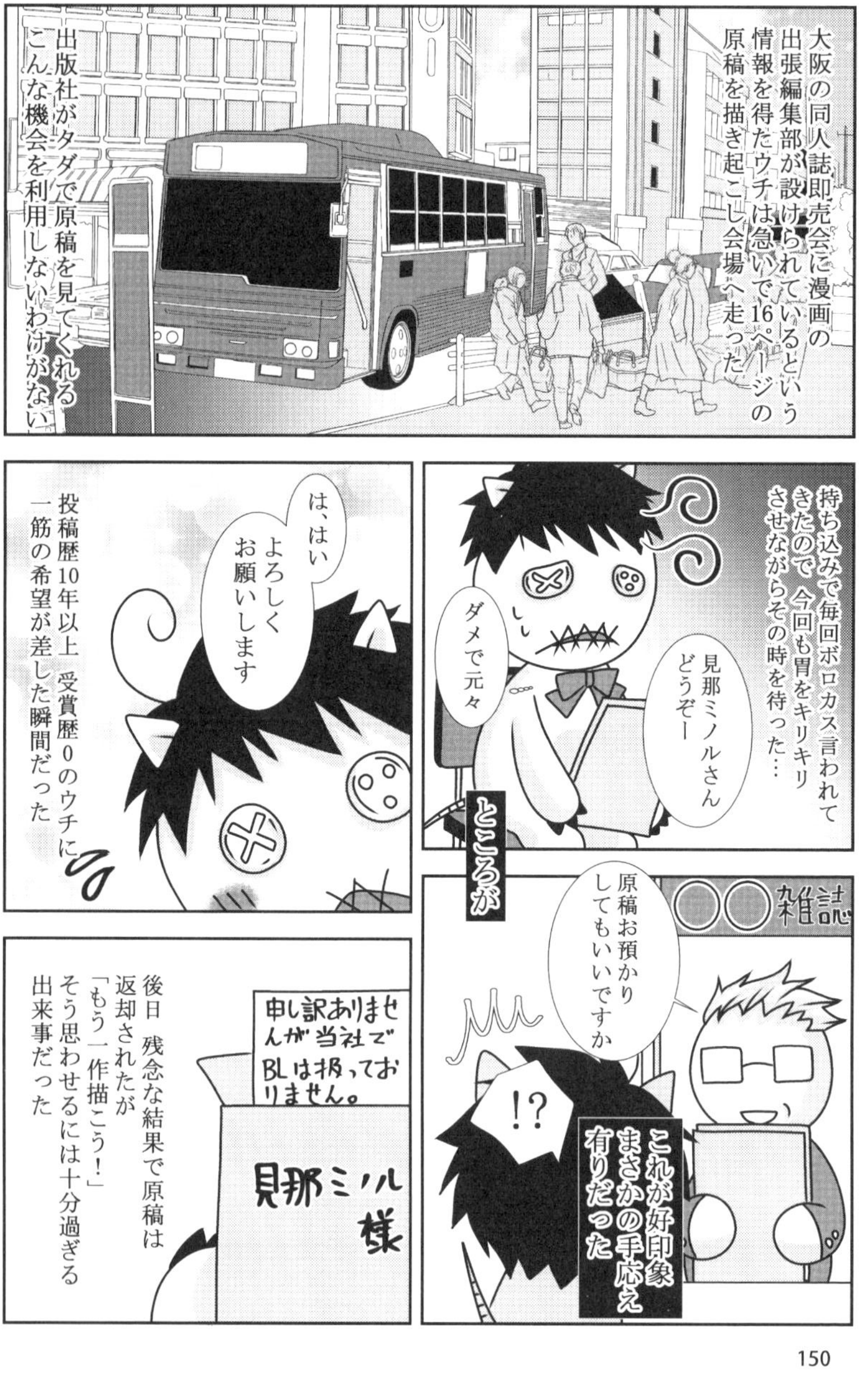
大阪の同人誌即売会に漫画の
出張編集部が設けられているという
情報を得たウチは急いで16ページの
原稿を描き起こし会場へ走った
出版社がタダで原稿を見てくれる
こんな機会を利用しないわけがない
持ち込みで毎回ボロカス言われてきたので 今回も胃をキリキリさせながらその時を待った…
見那ミノルさん どうぞー
ダメで元々
は、はい よろしくお願いします
投稿歴10年以上 受賞歴0のウチに
一筋の希望が差した瞬間だった
ところが
○○雑誌
原稿お預かりしてもいいですか
!?
これが好印象まさかの手応え有りだった
申し訳ありませんが当社でBLは扱っておりません。
見那ミノル様
後日 残念な結果で原稿は返却されたが
「もう一作描こう!」
そう思わせるには十分過ぎる
出来事だった

二作目の投稿作を描き終えた
ウチは郵送・ウェブ投稿
応募条件を満たしている所には
手当たり次第送った
カタカタ
カタカタ
カタカタ
半年余りが
過ぎた頃
1件の出版社から
選考結果のメールが
届いた
ピロリロン♪
新着メール 1件
そこには――…
《電子書籍ではありますが
うちで作品を描いていただけ
ないでしょうか？》
泣いた
うわあああ～
漫画家デビューが決まった
見那ミノル　31歳の3月

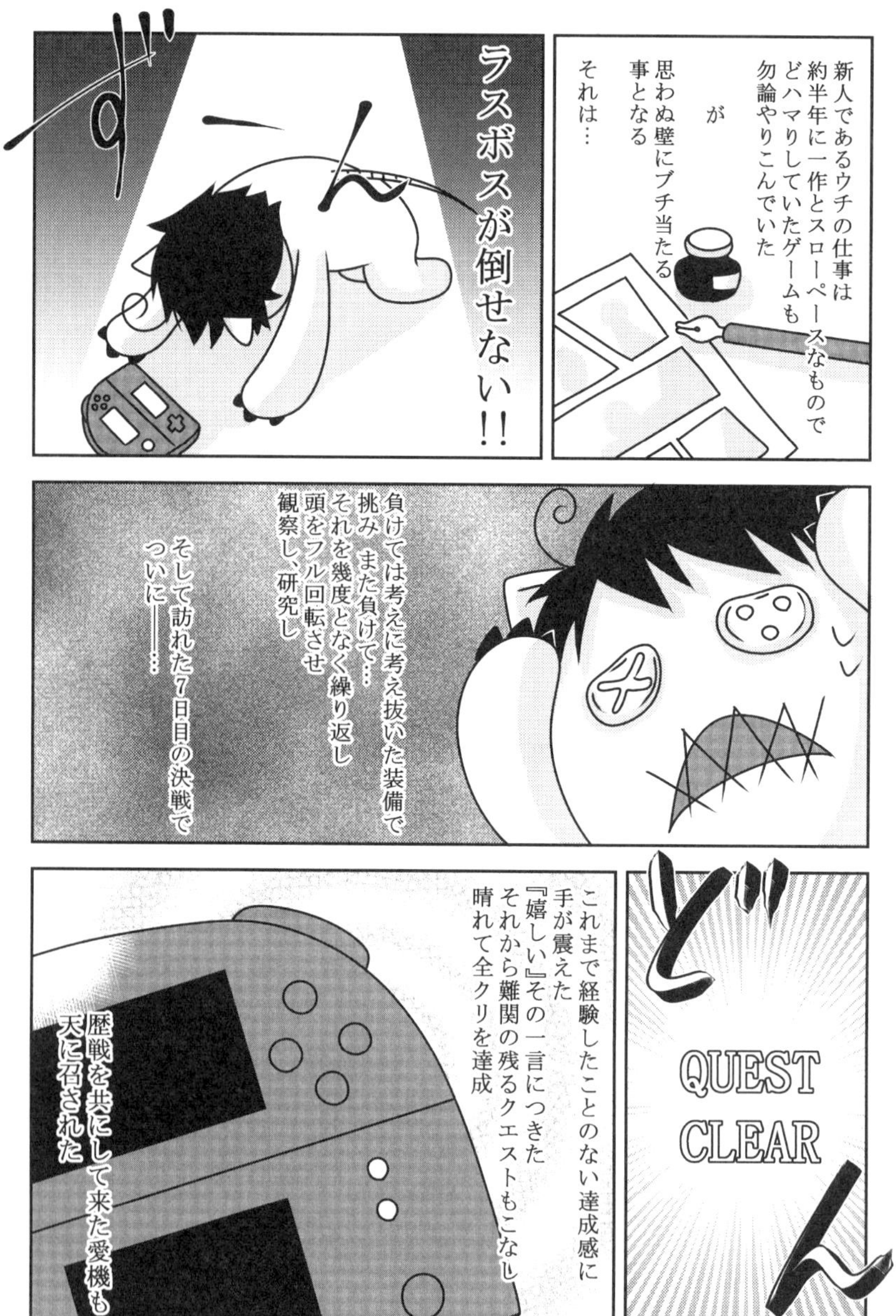
新人であるウチの仕事は
約半年に一作とスローペースなもので
どハマりしていたゲームも
勿論やりこんでいた
が
思わぬ壁にブチ当たる
事となる
それは…
ずーん
ラスボスが倒せない!!
負けては考えに考え抜いた装備で
挑み また負けて…
それを幾度となく繰り返し
頭をフル回転させ
観察し、研究し
そして訪れた7日目の決戦で
ついに——…
どん
QUEST CLEAR
これまで経験したことのない達成感に
手が震えた
『嬉しい』その一言につきた
それから難関の残るクエストもこなし
晴れて全クリを達成
歴戦を共にして来た愛機も
天に召された

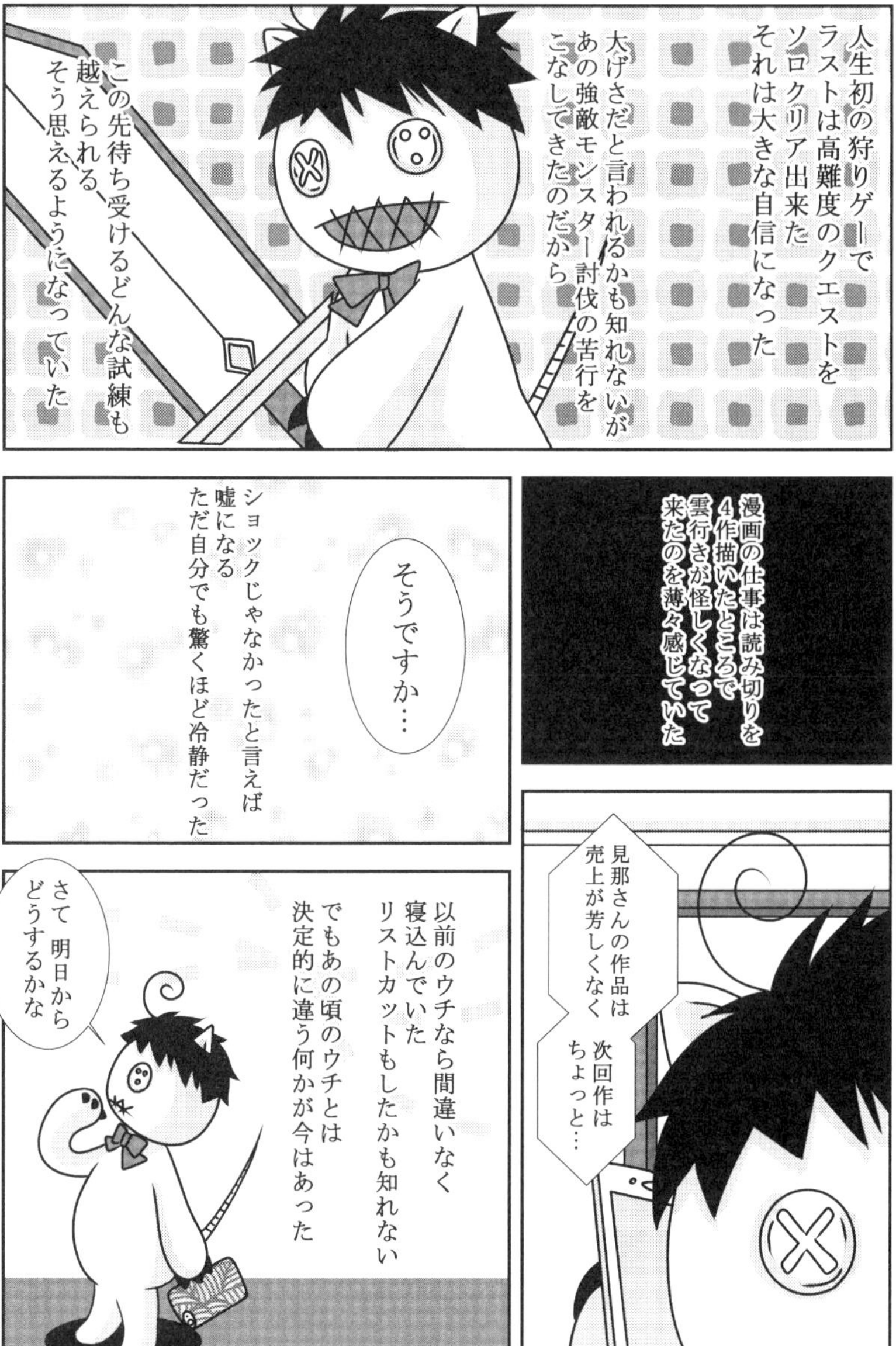
人生初の狩りゲーで
ラストは高難度のクエストを
ソロクリア出来た
それは大きな自信になった
大げさだと言われるかも知れないが
あの強敵モンスター討伐の苦行を
こなしてきたのだから
この先待ち受けるどんな試練も
越えられる
そう思えるようになっていた
漫画の仕事は読み切りを
4作描いたところで
雲行きが怪しくなって
来たのを薄々感じていた
見那さんの作品は
売上が芳しくなく
次回作は
ちょっと…
そうですか…
ショックじゃなかったと言えば
嘘になる
ただ自分でも驚くほど冷静だった
以前のウチなら間違いなく
寝込んでいた
リストカットもしたかも知れない
でもあの頃のウチとは
決定的に違う何かが今はあった
さて 明日から
どうするかな

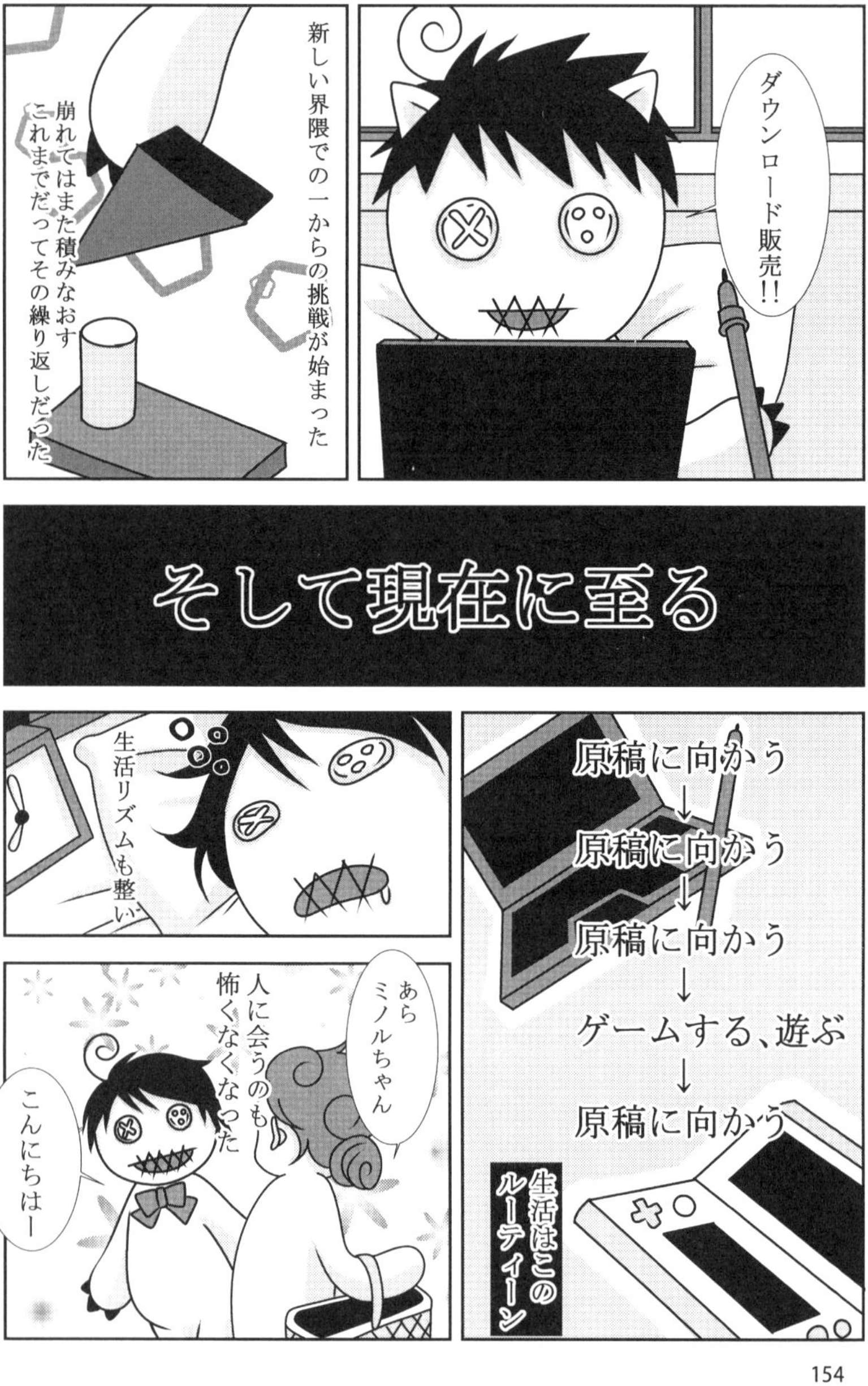
ダウンロード販売!!
新しい界隈での一からの挑戦が始まった
崩れてはまた積みなおす
これまでだってその繰り返しだった
そして現在に至る
原稿に向かう
↓
原稿に向かう
↓
原稿に向かう
↓
ゲームする、遊ぶ
↓
原稿に向かう
生活はこのルーティーン
生活リズムも整い
人に会うのも怖くなくなった
あら ミノルちゃん
こんにちはー

絵描きという不安定なものを
生業にしている
つまずく事も 凹む事も
立ち止まる事もある
あ、あの、サインいいですか？
あ
あのっ
桐谷怜《きりやれい》さんですよね！
声優の…
男性ファンて珍しい
ペ、ペンが無いや
どうしよう
いいよ 俺
持ち歩いてるから
走って帰るか
あ
それでも今
とても充実した日常を送っている
アンテナに引っかかったら
飛びついてみる
只今あっちこっちに
手を出す雑食
『気になる』
それは変われる第一歩
そうやってウチの世界は
今日も少しずつ広がっている――

この本を編集して

よく「自分をつづって」くれた

藤本文朗（教育学博士）

執筆者の原稿を読んで、私が感じたことは全員がひきこもりという生活体験をよく「自分をつづって」くれたということです。私自身と執筆者の何人かとで〝つづる〟前に話し合い酒を飲みかわし、時には散歩、スポーツを共に楽しみました。こんなことが〝つづる〟素地になったかも知れません。〝つづる〟ことは大切で本人や周りの人と学び合えることです。日本の教育実践運動で、大正デモクラシー時代からの歴史をみても生活綴方は世界に誇れるものです。ひきこもり体験のある人は日本では１００万人以上いると言われています。自分のひきこもる息子も含めて、かなりの人が自分の話をあまり話せないか、話すことができても〝つづる〟ことはできません。だから、この人々を代表しているとは言えませんが思いを代表しているとは言えないでしょうか。家族の方と本人にぜひぜひ読んで欲しいと思います。

この人々と接し、学びつつ合理的配慮が求められるかについて執筆者の発信から知ることができます。この人々の主体的活動をゆっくり見守りつつ、支援が前に出過ぎないことを学びました。この人々のために正面から法律による制度化が求められています。今までの対応は「子ども若者支援法（15歳～39歳）、生活自立支援法（40歳以上）」の中での補助金対応です。2020年度予算では、2019年にひきこもりにかかわる事件があり、11億円余りと、昨年度の2倍の予算が「ひきこもり支援特区事業」としてつけられる予定として聞きますが、これも補助金制度です。

私たちは「ひきこもり支援手帳」（「ひきこもる人と歩む」2015年、新日本出版社、208p）を提案しています。中身のことは十分検討していませんが、医療費の無料化、障害者枠での就労支援などが考えられます。

執筆者の多くは公教育での不登校（予備軍）体験をもっています。その原因は一学級の人数が多く（欧米では25人以下）先生の目が届かないからです。国の教育政策は1960年代から「実践には口を出すが、金はださない（不十分）」。これは憲法の理念、とりわけ「すべて国民は個人として尊重される。生命・自由及び幸福追求に対する国民の権利…」（憲法13条）が無視されていることです。日本政府の軍事費は世界3位、教育費はOECD加盟国で最下位です。その矛盾がひきこもりの人々を生み出していると言えましょう。

具体的には、日本の時空間が貧困になっていると言えないでしょうか。学校教育では決まりが多すぎます。職場も忙しすぎます。「私のひきこもり体験」の中谷氏の一文のさなぎるどの活動、「自然と人々のゆったりしたふれあい」や松下氏の一文に見られる海外旅行などの活動、さらには見那ミノル氏の文化活動（表紙のイラストとマンガ）はこれを克服する活動と言えます。

上記の構造を踏まえつつ今、現実にこの人々の対応を具体的にどうするかです。この人々の3分の1は発達障害という人も多いですが、レッテル貼りではすまされません。私自身、20年以上つき合っている医師から「先生や私も発達障害（ADHD＝注意欠陥多動性）ですよ」と言われました。私は小学校時代、全く勉強ができませんでした。「つづる」ことなどは日記を通して書き、その学びが85歳の今日まで続けています。幸い私は発達障害ですが、個性の強い人（大学の教員）として生きてこられたのです。しかし、1970年代以降の社会（公教育サービス業）では、ひきこもりになっていたでしょう。

2006年に成立した自殺対策基本法では、自殺者の数は2000年代になって3万人となり（未遂者推定はその50倍）対応が求められ、この法制度で年間20億円、（2020年は26億円）2009年は補正予算で100億円の地域自殺緊急支援基金が作られています。世界的に見て日本は自殺者やひきこもる人が多いという実態があります。障害者権利条約の理念で正面からひきこもり支援の制度化が今求められています。

このことは日本から世界に人類の自由と平和、人権が保障される社会をつくることを発信できるチャンスといえましょう。

当事者（家族）発信の重要性を

森下　博（NPO法人堺子育て・教育ネットワーク事務局長）

「ひきこもり当事者発信プロジェクト（HHP）」設立の主な目的は、イベントや本の出版を通して当事者の思いを発信することでした。今回、執筆にあたって、誰に、どんな内容を書いてもらえばいいのか、話し合いました。①ひきこもり経験者から見た親との認識の「ズレ」、②大人や社会との認識の「ズレ」、③「ズレ」に拘らず経験を自由に書くことも可、との結論に至りました。今回、7名の方が執筆に応じてくれました。

「ひきこもり問題の本質は、徹底した自己否定にある」と言われています。①長年苦しんできた劣等感や世間との「ズレ」に気づき、脱出への足がかりを掴んだ経験、②パニックに陥りそうな場面に直面した時、自分の中で何とか納得できる理由づけ（安全弁）を見つけ、自己否定を回避し、今の自分を維持できた経験、などを当事者でなければ気づかない心の葛藤が綴られています。改めて「ひきこもりとは何か」を深く考えさせられるものでした。

8050問題がクローズアップされた時、親・家族との「ズレ」の問題が、ひきこもり長期化の要因の一つだとの指摘が識者からなされました。「親心は下心」と揶揄されている親・家族の言動が当事者を苦しめている側面は、確かに否定できません。今回、様々な「ズレ」

の問題をテーマにした経験者の声を丁寧に読み取っていただき、話し合いの機会が増えればと願っています。

「ひきこもり」が公文書として表わされたのは1989年（平成）以降です。その後、「親の会」の全国組織結成（1999年）、不登校新聞発刊（2016年）などの運動の飛躍的な発展が見られます。また、先人の事例研究の深まりによって、ひきこもりの定義や概念が確立され、今ではひきこもりは「病気ではなく状態」であるとの認識が徐々に広がってきました。2019年には国の実態調査結果が公表され、全国推定115万人・8050問題としてひきこもりの長期化・高齢化がクローズアップされ、改善への動きが始まろうとしていました。

ところが、同年5月に川崎市の無差別殺傷事件が起こると、「ひきこもり」を問題視するマスコミ報道が一斉になされました。すぐに、当事者支援団体などから、①「ひきこもり」や「社会的孤立・孤独」と事件との因果関係はない、②誤った報道の中止を求める「見解」が発表され、バッシング報道は急速に鎮静化していきました。ひきこもり当事者や家族に対する偏見は根強いものがあり、当事者（家族）発信の重要性がますます求められています。

全国各地に広がる「親の会」で、ひきこもりの長期化は親・家族の孤立化につながるとして、親・家族へのサポートが重視されています。その通りだと思います。今回の執筆者の中には、親の認識の「ズレ」を指摘しつつ、「親もひとりの人間として自分の時間を持ってほしい。そのことが、私自身の心の負担が軽くなる」とも綴られています。苦しみの状態にあっても、親を思い、配慮する複雑な心情を読み取ることができます。親・家族の孤立化を防ぎ、当事者との「ズレ」問題を解消するには　今の日本社会に存在する弱肉強食・能力主義の価値観の見直しがなければ根本的な解決にはつながりません。

「自己否定から自己肯定感へ」、その道のりは、一足飛びには実現できません。まずは、誰もが人間として、それぞれの発達が保障される社会の実現が求められています。

今回の7名のひきこもり経験者が綴るプロジェクトが、全国の当事者や親・家族・支援者のみなさまの活動を励ます一助になればと願っています。

編集の過程で、ひきこもり経験者の意向を大切にして下さった日本機関紙出版センターの丸尾忠義様に心より感謝いたします。

【編著者紹介】
井上　啓　1975年生まれ。HHPメンバー、同・編集委員。

大平知幸　1990年生まれ。大阪健康福祉大学子ども福祉学科卒。NPO法人堺子育て・教育ネットワーク理事。著書「ひきこもりーノ大作戦「『あなたを変えるきっかけに』」(NPO法人堺子育て・教育ネットワーク)。HHP編集委員。

藤本文朗　1935年生まれ。滋賀大学名誉教授。博士（教育学）。編著「ひきこもる人と歩む」（2015年　新日本出版社）。全国障害者問題研究会顧問。「何度でもやりなおせる—ひきこもり支援の実践と研究の今」(クリエイツかもがわ)。「ベトとドクの日本の絆」(新日本出版)。「座して障害者と語る」（文理閣）など著書多数。

森下　博　1943年生まれ。元大阪健康福祉短期大学教授。NPO法人堺子育て・教育ネットワーク事務局長。著書「ひきこもりーノ大作戦「『あなたを変えるきっかけに』」（NPO法人堺子育て・教育ネットワーク）。「基礎学力はどのように形成されるか」（大阪健康福祉短期大学附属実践センター）。「すべて国民は個人として尊重される－いじめ問題の克服にあたって」（同・編集委員会）。

【HHP代表紹介】
西井啓子　1947年生まれ。HHP代表。登校拒否を克服する会泉北ニュータウン交流会代表。堺市マイスタディスタッフ。NPO法人「槙塚台助け合いネットワーク」メンバー。槙塚台9条の会。子ども食堂スタッフ。大阪健康福祉短期大学評議員。著書「ひきこもる人と歩む」（新日本出版社）。「泉北レモンの街ストーリー」メンバー。
表紙イラスト：見那ミノル

「あたりまえ」からズレても　ひきこもり経験者が綴る

2020年3月21日　初版第1刷発行

編著　藤本文朗　森下　博
発行者　坂手崇保
発行所　日本機関紙出版センター
〒553-0006　大阪市福島区吉野3-2-35
TEL 06-6465-1254　FAX 06-6465-1255
本文組版　Third
編集　丸尾忠義
印刷製本　シナノパブリッシングプレス

ISBN978-4-88900-979-8